EL FULGOR DE ÁFRICA

FRANCISCO UMBRAL

EL FULGOR DE ÁFRICA

Seix Barral Biblioteca Breve

Primera edición: marzo 1989

Córcega, 270 - 08008 Barcelona

ISBN: 84-322-0602-4

Depósito legal: B. 7.941 - 1989

Impreso en España

A mi madre

Peregrinó mi corazón y trajo
de la sagrada selva la armonía.

RUBÉN DARÍO

PRIMERA PARTE

PRIMERA PARTE

El apio como un duende por la casa, el vino discurriendo en lagartijas rojas, los ajos como pedrisco, en toda la cocina, el pimentón en regueros, los caminos brillantes de la sal, como un paisaje ártico, los caminos sencillos del azúcar, casi como una procesión de hormigas blancas, los lagos enlagunados del vinagre, el serpentón del aceite entre las patas de las mesas y las sillas, un desperezamiento verde y lento, el colorido de las mermeladas, blancas, rojas, moradas, rosa, verdes, como un pintor despedazado, el espeso canal del chocolate, fluyendo hacia su propio grosor en oscuras penínsulas de perfume, toda la despensa en libertad, invadiendo la casa, viajando entre las tarimas y las alfombras, volviendo la cocina del revés, desconcertando la tarde sombría con luz verde de loro en aquella casa sin loros.

La bisabuela, a veces, cuando la dejaban sola en casa, abría y derramaba la despensa, hacía correr los vinos (de los que algo bebía) por el mundo, ponía en libertad los moscateles. La bisabuela tenía prohibida la despensa por sus hijas, nietas, bisnietas, incluso por las criadas, pero sobre las criadas seguía ejerciendo imperio, de modo que se metían en el cuarto de la plancha, más bien divertidas y contentas, a dejar que la señora comiese y bebiese, derramase las provisiones por el piso, en venganza de tantas prohibiciones. Claro que luego tendrían que limpiarlo todo, pero era más divertido eso que limpiar el polvo donde no había polvo.

La bisabuela Leonisa era alta, erguida, seca, con el escaso pelo en bandós blancos, que se le deshacían continuamente, volviéndola más loca (si es que lo estaba) y los ojos atroces, abultados y grandes, acusadores siempre. La boca, en cambio, larga y de labio caído, le caía sin fuerza, con el temblor de la edad, el temblor de la locura o el temblor de la muerte. En la familia se pensaba, desde hacía muchos años, que la bisabuela había enloquecido con la edad, pero quizá fuese que más allá de los cien años, como antes del uso de razón, el ser humano se maneja con otra lógica, con otros valores, con otra óptica del mundo que la comprendida en las edades convencionales, juventud, madurez, etc. Jonás el bastardo, por ejemplo, observaba a la bisabuela Leonisa como a un ser que ha pasado la frontera de la razón temporal (así como el niño no ha llegado a ella), como a una criatura fascinante que se regía por otra lógica, una lógica casi siempre lírica, al menos para él, adolescente que mimaba algunas palabras sacratísimas, y entre ellas estaba lo *lírico*.

El apio como un duende por la casa, el vino discurriendo en lagartijas rojas, los ajos como pedrisco, y la bisabuela, entre aquella fiesta de locos, bebiendo vino a morro, entrando y saliendo de la despensa, sentándose en una silla a hablar con hijas que ya se le habían muerto, con nietos que no había tenido nunca, o contando sus partos malogrados a una visita que no había ido aquella tarde. Los hijos que más amaba la bisabuela Leonisa eran los que le habían nacido muertos.

El pimentón en regueros, los caminos brillantes de la sal, como un paisaje ártico, y la bisabuela Leonisa conversando sombras, acechada quizá (los demás se habían ido, y las criadas ya se ha dicho dónde), por Jonás el bastardo, que estudiaba al ser humano en general y a su bisabuela bastarda en particular. Pero bisabuela Leonisa tenía que tener las conversaciones que nunca tuvo con los hijos no habidos, y las tenía en aquellas raras tardes de vino y soledad, cuando liberaba la despensa y sus especias. Vivía, sencillamente, el revés de lo vivido, vivía lo no vivido, y una despensa derramada y loca perfumaba en torno suyo. En torno de ella. El apio como un duende por la casa.

EL CABALLO grande, inmenso, más grande que la cuadra, el percherón llenando el mundo, que era una cosa angosta y con olor a paja, éste era el primer recuerdo que Jonás el bastardo tenía de su infancia, la broma de un cochero de la casa que había encerrado allí al niño, un rato, por reír estúpidamente de su miedo, y Jonás el bastardo se estuvo callado, quieto en un rincón, cabiendo donde no cabía, temiendo la coz o el mordisco del hermoso animal, del caballo de tiro. El caballo era de pintas marrones sobre una piel medianamente clara, tenía la cabeza de escultura, la panza inmensa, redonda como el mundo, las patas un poco cortas y la fuerza, tan visible, dando sentido a todo su cuerpo, a todo su ser.

El caballo se llamaba Titán o algo así, y el niño, Jonás, el niño bastardo, lo amaba de toda la vida, lo amaba viéndole libre y haciendo trabajos de faena. Los animales son la mitología de los niños. Pero aquella mañana, encerrado con el caballo, casi mareado por la cercanía de una animalidad intensa y profunda, respirando la respiración del caballo, Jonás el bastardo tenía miedo, sólo miedo, espanto, y se estuvo quieto, sí, con el corazón parado, seguro de que iba a morir por sí mismo si no lo mataba el caballo.

El caballo, como un dios sometido, como un ángel en figura de caballo, metió la cabeza en el pesebre (sin duda le era familiar el niño), y sólo movía la gran cola, más densa que larga, de un blanco sucio, azotándose los lomos por placer o por espantar bichos.

De vez en cuando doblaba una pata o pateaba el suelo. El caballo parecía haberse multiplicado por sí mismo. En la calle, en el campo, a Jonás nunca le había parecido tan grande. Ahora, el caballo llenaba el mundo, el mundo olía a caballo y Jonás el bastardo sentía que amaba y temía desesperadamente a aquel caballo.

Se hubiera abrazado a su cuello, por amor y por miedo. Pero se estuvo quieto, y fue cuando el caballo orinó, sin dejar de comer, orinó de una manera directa y violenta, sobre la paja, y algunas gotas le saltaban a Jonás, orinó con una plenitud de olor y chorro que inundaron la cuadra como si el caballo hubiese orinado hasta el techo.

El cochero le abrió una rendija de la puerta a Jonás, con bromas putrefactas. Jonás salió pegado a la pared, se encontró con la luz que vaciaba el mundo, más que llenarlo, entornó sus ojos débiles y ni siquiera miró al cochero, que seguía divirtiéndose con su propia ocurrencia.

Jonás tenía su infancia resumida en aquel episodio. Primero había pensado contárselo a la bisabuela Leonisa, para que castigase al cochero, pero luego le pareció *más hombre* guardar su secreto y su experiencia, una experiencia que le había fortalecido (aunque no fuese ésta la intención del criado), y que con el tiempo resumiría toda su infancia: a él le habían hecho eso porque era Jonás el bastardo. A uno de sus hermanos no se lo habrían hecho. Y él había salido de la aventura fortificado, persuadido de la *caballidad* del mundo, del mero zoologismo del planeta, convencido de que la tierra no era más que el establo del hombre. Amó a Titán toda su infancia, había compartido con él una experiencia única, y Jonás, ahora, se alegraba de no recordar cómo había muerto o desaparecido el caballo: una cosa tan real y tan estallante de vida como un percherón, un ser que es la vida misma, ¿cómo se desvanece en el tiempo, se borra como un caballo pintado por Leonardo?

Jonás el bastardo, en fin, sabía ya que no existe la muerte, sino la disolución de las cosas en el tiempo, un inmenso caballo que se hace soluble en el aire azul de la memoria. Mas persistirían en él toda la vida las contradictorias —¿complementarias?— sensaciones de amor y miedo al caballo en aquel tiempo que quizá fue de diez minutos, pero que pudo ser de diez horas o diez días. Y, sobre todo, la humillación de los cocheros. Jonás sabía que héroe es el que se enfrenta a su padre y le vence, porque lo había leído. Jonás el bastardo estaba dispuesto a eso.

Pero en su memoria de la infancia y en su conocimiento primero de la vida, lo que había era la imagen de un percherón que, con toda su rotundidad, con toda su vida confiadamente entregada a vivir, se iba borrando del tiempo y el espacio. El tiempo es un ácido que disuelve caballos y biografías. Jonás el bastardo empezaba a entender la vida como levedad, como una cosa lineal, tenue y bella (su propia vida adolescente) que se va haciendo soluble en el azul, en eso que llamamos azul y no es sino tiempo.

Caballos y biografías.

AFRODITA Anadiomenes tiene las dimensiones desnudas y justas que impone su clasicismo. Afrodita Anadiomenes se paseaba por la casa desnuda, hacía las labores, limpiaba los cuartos, sacudía las alfombras, cantaba por las mañanas y se asomaba por las tardes al mirador de las criadas —«que las criadas tengan un mirador a la calle», había dicho la bisabuela Leonisa—, por si pasaba algún soldado.

Afrodita Anadiomenes se peleaba de mentira con los tres hermanos, sobre todo con el bastardo, o cosía hacendosamente con las dos hermanas, con las dos chicas, Ascensión y Paquita, en el mirador de las señoritas, por si pasaba algún teniente. Quizás, a Afrodita Anadiomenes le gustasen también los tenientes, pero le estaba vedado hacer comentarios. Ella sólo podía opinar sobre soldados. Los tenientes se suponía que tenían que enamorarse de las señoritas, aunque fuesen tan niñas, Ascensión, la menor, y Paquita, un año mayor. Lo que pasa es que quizá Afrodita Anadiomenes, más lozana que todas las mujeres de la casa, y siempre desnuda, dejaba tras de sí una estela de hombres, tenientes o no.

Los dos hermanos y el bastardo estaban locos de amor por Afrodita Anadiomenes, sólo que los legales, los legítimos, no podían ni querían comprometer su porvenir en unos amores con la mujer espuria de la casa, mientras que el bastardo, como era bastardo, no tenía nada que perder, y se acostaba con Afrodita Anadiomenes en las tardes de la soñarra de la tardorra del agostorro, a la hora de la siesta, o en las noches blancas y sigilosas del invierno.

Gracias a Afrodita Anadiomenes, siempre fresca como una manzana pelada y disponible como una amante enamorada (Afrodita Anadiomenes no estaba enamorada del nadie), Jonás el bastardo no tuvo traumas sexuales de pubertad, ni cayó en tristes y sucias masturbaciones, ni acudió antes de tiempo a las casas de lenocinio. La criada y el bastardo hacían el amor en el cuarto de la plancha, o en la torreta de la casa, palomar donde se sacrificaba una única paloma al año, por navidades, o en la bodega, con olor a vino maduro y a la respiración de la araña.

Jonás el bastardo estaba escribiendo la historia y la genealogía de la familia, quizá por compensar su bastardía con la erudición al respecto que no tenían los otros, y de pronto se le aparecía don Hernán Hernández, padre de la bisabuela, pero no en figura heráldica, sino en la realidad, con su estatura de señor, su caliqueño de cacique, sus botas de montar y su olor a campo y macho. Don Hernán Hernández trataba al bastardo con una displicencia que era peor que el odio, por saberle tal bastardo, y al mismo tiempo le temía un poco, pues era de ver más inteligente que sus hermanos o medio hermanos, y además estaba escribiendo la historia de la familia, y ahí podía salvarlos y condenarlos a todos, y en concreto a él, que en realidad era el único que le preocupaba. Pero Jonás el bastardo estaba escribiendo la historia de la familia, con buena letra y mucha documentación, por lo que ya se ha dicho: porque había leído —¿en Freud?— que héroe es el que se enfrenta al padre y le vence, y Jonás el bastardo quería vencer, no sólo a su padre, sino a todos los padres, a todos los patriarcas de la patrística familiar.

—Un día te voy a quemar todos esos papeles, bastardo.

—Quemaría usted su genealogía, don Hernán.

—No me gusta que nos saques a toda la familia a la luz pública.

—Las grandes familias tienen grandes historias, don Hernán. Yo puedo ser el historiador de la nuestra.

El bastardo siempre le podía dialécticamente a don Hernán Hernández, de modo que éste daba un portazo y se iba castigándose el cuero de las botas con el cuero de la fusta: «Demonio de bastardos, que siempre se llevan lo mejor de la familia, todo el talento del clan, como si el demonio premiase el pecado.»

De jovencita, a la bisabuela Leonisa la había paseado don Hernán Hernández en una jaquita blanca que le compró, ataviándola primero con todo el atalaje de montar que usaban por entonces las damas y damiselas, de la pamela con velo a los botines con herretes, que él mismo le abrochaba uno por uno.

Y así recorrían, él en su caballo Lucero, ella en su jaquita, todas las extensiones de Castilla y León, que eran suyas desde los Reyes Católicos, y por las que cruzaba el tren de Medina de Rioseco, lento y doméstico, lleno de aldeanas que saludaban al señor y echaban piropos a la niña.

España era de ellos, Castilla era España, o dicho a la inversa, o como se quiera, y don Hernán Hernández se iba de vez en cuando a Madrid, a caballo, y les imponía condiciones a Cánovas y Sagasta. Siempre iba y volvía a caballo. Decía que el tren era una maquinación de los masones y que la diligencia extenuaba mucho más que el propio galope, «aparte que todas las diligencias las asaltan los bandoleros y yo no quiero dejar España sin bandoleros, que es lo que más gusta a los escritores franceses y a sus putas», añadía don Hernán, con su peculiar sentido del humor, dando por supuesto que él solo, y era verdad, podía exterminar a toda una partida de bandoleros.

Un año le invitaron los zares a cazar el zorro o el oso en Rusia, y don Hernán Hernández partió a caballo, lleno de rifles. Atravesó toda Europa en su Lucero y, cuando llegó a Rusia, empezó a cruzar aldeas moradas con vacas verdes, violinistas en el tejado, parejas de recién casados que volaban por los aires y tiernos burros que salían de un florero.

Así llegó a Moscú y se encontró con que en Moscú ya no había zares. La Revolución se había producido durante su largo viaje. Quiso conocer al nuevo zar y le llevaron hasta Lenin. Don Hernán Hernández le preguntó a Lenin por los zares y por la libertad.

—¿Libertad para qué? —le dijo Lenin.

Luego, esta pregunta y esta respuesta han sido atribuidas a otros, pero Jonás el bastardo restablecía la verdad en su manuscrito. Don Hernán Hernández lo contaba en el Casino:

—Libertad para qué. Figúrense ustedes qué clase de respuesta.

Don Hernán Hernández murió a los cincuenta años, de un callo mal rebanado y de no lavarse los pies. A su mujer, una niña elegida en la calle a los catorce años, cuando jugaba a las tabas, le hizo veinte hijos. Todavía cuando murió, las bisnietas de don Hernán jugaban por los campos a la patacoja, y entre ellas una morenita perfileña, con los ojos de un siena dorado, que decía «talindro» por tan lindo, cantando la *Violetera*, y a la que le colgaba la cinta morada del lazo deshecho, como un presagio del futuro desorden de su vida.

Era, entre todas las nietas y bisnietas de don Hernán, la más probable candidata a la paternidad de Jonás el bastardo (casi ninguna de las mujeres de la casa se casó nunca, aunque tuvieron su vida sentimental y hasta sus niños), se llamaba Clara y estuvo tísica desde pequeña.

Parece que gustaba mucho a los hombres porque era alta y escribía versos.

Afrodita Anadiomenes tenía, sí, las dimensiones desnudas y justas que impone el clasicismo. Afrodita Anadiomenes llenó de sexualidad y juventud aquel hogar profundo y austero. Se había mantenido siempre en la misma edad sin edad y había yacido con todos los hombres de la familia, desde don Hernán Hernández hasta Jonás el bastardo, pasando por los hermanos y primos, los novios, maridos, cuñados, tíos y yernos, aunque muchos de ellos no lo confesarían jamás.

Afrodita Anadiomenes estaba en el centro de aquel

jardín humano como una fuente en el centro de un bosque, y su desnudo servía para que todos bebieran. Jamás envejeció y cantaba mucho más que hablaba.

Jonás el bastardo, aparte de aliviar en ella su sed de fuego femenino, su impaciencia de carne joven y hembra, eterna, celeste carne de mujer, como él había leído en los poetas, tenía a Afrodita Anadiomenes por el tótem y el tabú de la casa, hasta que Afrodita Anadiomenes desapareció como el caballo Titán, como todos los seres grandes y poderosos, mitológicos, que habían habitado su infancia. ¿Disuelta también por el ácido del tiempo, como el caballo, borrada también como un Leonardo, como un desnudo de Leonardo?

Jonás era asimismo dibujante (daba clases en la Escuela de Artes y Oficios Artísticos), y las figuras se le iban quedando en dibujos a medida que eran sólo rehenes de la memoria, hasta que el dibujo se borraba. En la genealogía de Jonás (que quizá quería hacerse perdonar su bastardía con aquellos escritos) había seres que se morían de muerte natural, como el abuelo Claudio, o el tío Claudio, que fue señorito y gastador, o don Hernán Hernández, que pereció de una gangrena a partir de un callo mal rebanado, pero había otros seres que no morían de una forma concreta, real, científica, directa, fija, precisa, sino que se iban desvaneciendo en el tiempo, así el caballo Titán, Afrodita Anadiomenes o su propia madre, que no sabía quién era de entre las tías.

Jonás el bastardo, pues, aprendió muy pronto que no todo el mundo muere lo mismo, que la gente y los bichos en general se mueren de golpe, como acuchillados eficazmente por la muerte, esa comadrona inversa, pero que hay otros seres, más espirituales y significativos (él aún escribía «espirituales»), que en lugar de morir se desvanecen, se borran, se hacen solubles en el tiempo o en el espacio, son especialmente sensibles al ácido del olvido.

Por su desaparición (no era exacto llamarlo muerte), Jonás comprendió que las criaturas privilegiadas no mueren como reses, que es la manera de morir de los humanos, sino que se van quedando al fondo en la novela del tiempo, hasta que se borran.

Por entonces, Jonás el bastardo había vivido esta experiencia con el caballo Titán, con Afrodita Anadiomenes y, en seguida, la viviría con la abuela/bisabuela/tatarabuela Leonisa, pero aún no sabía que el más estilizado fenómeno de esta manera de irse de la vida lo iba a vivir con la tía Clara, por lo cual intuiría que ella era su madre, como a veces había presentido, entre la legión alegre, confusa, brillante, revuelta y unánime de las tías. Pero aún faltaban muchos años para eso.

DON HERNÁN Hernández fechaba y sellaba la casa como un poderoso lacre humano de sangre, y en él encontraba estilo y cifra todo lo anterior y lo posterior de la familia, cuando Jonás el bastardo se ponía a hacer sus genealogías. Don Hernán Hernández estaba en los últimos daguerrotipos y en las primeras fotografías, en las firmas de la notaría y en la memoria seca y fija de los campesinos.

Jonás el bastardo había sacado de don Hernán la estatura, y con eso le bastaba. A don Hernán, cuando murió, le pusieron emplastos, ventosas, cataplasmas, sinapismos, toda la medicina legendaria y casera de las mujeres de la familia, invocada y rediviva una vez que se iba el médico, tras su aséptica visita, dejando sólo un papel con fórmula magistral sobre la mesa.

Jonás miraba por un ventano y veía el cuerpo grande y blanco, con el vello de plata, como un álamo derrumbado, del tatarabuelo don Hernán, pero las mujeres que andaban en torno no le dejaban verlo bien. Una vez que se fueron, sin soplar las luces (la luz parece que mantiene vivo al moribundo), Jonás se metió en la alcoba y estuvo mirando el cuerpo desnudo y muriente. Él sabía que un cuerpo así, de cincuenta años, podía fascinar a las mujeres, y Jonás, que buscaba un padre entre los padres, eligió aquél de momento, no sólo para imitarle, sino para vencerle.

Jonás quería ser héroe. Aquel hombre era el que tenía que vencer. El padre andaba huido y el abuelo Cayo no contaba (aunque habría que contarle). Don Hernán Hernández, que siempre le había despreciado como bastardo, era su modelo y su antagonista al mismo tiempo. Después de la larga contemplación, cuando las mujeres le echaron de la alcoba italiana, «un chico no debe ver estas cosas», Jonás volvió a sus genealogías e hizo un retrato cabal, puntual y cruel del tatarabuelo, o lo que fuese.

Retratarle era la primera manera de vencerle.

Entre la legión parlera de las tías, Jonás el bastardo tenía, realmente tuvo mucho tiempo, dos candidatas a madres (por entonces se escondían estas cosas): la tía Clara y la tía Algadefina. Legión parlera de las tías, sí, tía Magdalena, tía Pilar, tía María, tía Pepita, tía María Eugenia, tía María Luisa, tía Concepción, tantas tías.

Jonás las observaba en sus saraos: todas penaguizadas, todas jóvenes y esbeltas (unas más que otras), todas pianistas, todas locas. Y elegía o buscaba madre entre las tías/tías, las tías/primas y las simplemente tías carnales, como se decía entonces, con palabras que a él, enviciado con el idioma, le quedaban como más cercanas y concupiscentes. Jonás el bastardo tenía el privilegio de elegir madre, cosa que no había tenido nadie antes que él. Todas solteras. Sentado a lo moro debajo del piano, elegía madre entre aquellas aves de un paraíso loco como más tarde eligiría novia entre otras. La intuición no podía engañarle, pero Jonás el bastardo no creía demasiado en la voz de la sangre.

A él le podía la estética. Elegiría su madre entre las más altas, las más delgadas y las más guapas, entre las que mejor se sentaban al piano (tocar, todas tocaban mal).

Jonás fue un niño, e incluso un adolescente a la busca de una madre. Ya tenía el modelo de padre, en el tatarabuelo muerto, y ahora necesitaba el modelo de madre. Jonás se estaba haciendo unos progenitores a sí mismo, al revés que todos los niños. Jonás, con el pensamiento y la escritura, estaba creándose los padres que no tenía y necesitaba: al padre para vencerlo y a la madre para literaturizarla. No se puede no venir de ninguna parte. Los padres son la primera referencia de comparación del hombre, la que le permite imitarles y superarlos al mismo tiempo. Sentado debajo del piano, sí, se echaba a dormir cuando era tía Delmirina quien lo tocaba (aquella modista menuda y redicha no podía ser su madre), pero estaba atento y erguido, en su postura de moro, cuando tía Clara o tía Algadefina daban un concierto. Las medias de plata, los zapatos blancos, los tobillos finos, el perfume que salía por debajo de su falda, el *Bolero* de Ravel, que le sonaba en la cabeza como un techo de música e insistencia, todo eso le decía a Jonás que su madre, una de sus madres (las había reducido a dos, ya se sabe, tía Clara y tía Algadefina) estaba tocando el piano.

Al final de la pieza, sabiendo que él estaba debajo, la pianista le alargaba un pie y luego el otro, cansados del pedal, para que se los descalzase, y entonces Jonás el bastardo poseía un pie de mujer en media de plata, y luego veía aquellos pies, descalzos y graciosos, moverse entre los zapatos de las otras tías y los botines de los galanes, y siempre tenía una visión de las fiestas por los pies. Era el chico con dos madres, o con muchas, o con ninguna, pero guardaba junto a sí unos esbeltísimos zapatos blancos, como cisnes de la zapatería, olientes a mujer y a perfume, olientes a música y a madre. Así fue como Jonás se hizo fetichista de la mujer, buscando a la madre por el perfume, y luego a la novia, y luego a la hembra universal.

Sus tías alternaban mucho y se casaban poco. A sus tías les había fallado el siglo. Eran demasiado picassianas para esposas y demasiado señoritas para amantes (salvo algún desliz como el desliz/Jonás). Pero el niño bastardo había conocido el mundo por los pies. Los pies siempre agresivos de los hombres, crujientes y como con espuelas, las llevasen o no. Los pies de las mujeres, graciosos en el esfuerzo del baile, palomos en la blancura de los zapatos, entrañables y eróticos en su descalcez, cuando, hacia el final del sarao, ellas se liberaban del calzado, se aliviaban, mostrando de paso la gracia y brevedad de sus pies, si bien a Jonás le gustaban más los pies un poco grandes, góticos o románicos, de tía Clara y tía Algadefina, niño de dos madres, pies a los que a veces se abrazaba, con carencia de hijo y pasión de hombre, gustando un sabor de plata, un calor de pie desfallecido y un amor de carne de su carne.

El último romántico, algún joven modernista, tocaba al piano *La Leyenda del Beso.*

A DON HERNÁN Hernández se le hicieron unos funerales importantes, con el barrio lleno de gente, los políticos de bombín o de chistera, seis caballos negros con plumeros negros y muchos curas revestidos cantando su latín de hojalata bajo las cruces que los monaguillos llevaban por el cielo irregularmente, casi alegremente. Jonás el bastardo vio por primera vez a eso que los periódicos locales llamaban «fuerzas vivas», y que eran unos señores vestidos de siglo pasado, que sabían quitarse y ponerse muy bien el sombrero o los guantes.

Jonás el bastardo comprendió que hay hombres que nacen para morir. Hombres cuya biografía entera supone una preparación de la muerte, y que el día del entierro alcanzan su apoteosis. De modo que hubo de introducir un matiz en su distinción entre quienes mueren de golpe de guadaña y quienes se disuelven musicalmente en el tiempo: los que mueren wagnerianamente, grandiosamente, espectacularmente, los que convierten su muerte en su último triunfo. Don Hernán Hernández, el tatarabuelo, había muerto a los cincuenta años, de un callo mal rebanado y de no lavarse los pies, para vivir más y mejor, en la memoria de las gentes. E incluso en su devoción.

Porque a don Hernán Hernández le embalsamaron y le pusieron ataúd de cristal en la catedral de la ciudad, en una capilla, no se sabía por qué, quizá por la buena manda que había dejado a la Iglesia en su testamento. El primer domingo de cada mes, toda la familia (hijos, nietos, bisnietos, tías, abuelas, contraparientes, cuñadas, niños y grandes), en tílburi tirado por la bisabuela Leonisa, acudían a misa de una, oían al predicador sacro, don Marcelino Fernández, el pico-de-oro de la alta burguesía y la grandeza local, y luego visitaban la capilla de don Hernán Hernández, embalsamado y semidesnudo, en ataúd de cristal, como un Cristo de Gregorio Fernández que aún no había empezado a hacer milagros, quizá porque los había hecho todos en vida. Jonás el bastardo veía aquella momia y recordaba que el viejo había sido más bello en la noche de su muerte, con aquella cosa que tenía de álamo blanco y floración de plata por todo el cuerpo. La religión perpetúa a sus grandes adictos (aunque don Hernán Hernández había sido algo librepensador, y muy hombre de bragueta), a costa de deshumanizarlos, de estilizarlos para mal, de restarles el cuerpo para darles un alma de tersura y purpurina, un estofado de inmortalidad que a Jonás le repugnaba estéticamente.

Hasta se hablaba de iniciar gestiones con el Vaticano para canonizar a don Hernán Hernández. Claro que la familia perseguía esto como hubiera perseguido un título nobiliario. Jonás el bastardo comprendía por primera vez que la familia es una institución que, como todas, tiende a sublimizarse a sí misma, quizá por salvar su falta de justificación originaria. Pero Jonás no podía escribir nada de esto en su cronicón familiar, de modo que se tragaba las reflexiones y así le aprovechaban más. Toda familia es bastarda, se decía, toda nobleza nace de una matanza, con lo que el título de bastardo no tiene sentido entre la bastardía general del clan. A lo mejor, esto sólo era un razonamiento para calmar su propio sentimiento de bastardía. Pero lo escribía todo y luego echaba al fuego algunas notas.

El niño Cayo, estudiante de Derecho, hijo del señorito Cayo, andaba siempre por la casa vestido de torero, y con la montera puesta, desde que había encontrado el disfraz en un desván. Así ataviado, se acostaba con Afrodita Anadiomenes en el cuarto de la plancha, mientras Jonás aprovechaba para robarle el Derecho Romano y leerse algunas páginas, que le gustaban por la propiedad, precisión y elegancia de los conceptos.

De la prosa traducida del Derecho Romano estaba aprendiendo Jonás a hacer su prosa, mientras el señorito Cayo, hijo segundo del señorito Cayo, se paseaba por la casa con el traje de torero, los pies descalzos en las medias burdeos y un cierto erguimiento.

Cayo, el hermano Cayo de Jonás, era despótico con Afrodita Anadiomenes después de que se la había beneficiado, y a cada poco le pedía agua, vino, un libro, una revista, una manzana, cualquier cosa de la despensa. Aquellas peticiones, aquellas órdenes eran como una prolongación de su poderío sobre Afrodita Anadiomenes (que lo cumplía todo alegremente, sin humillación ni cansancio), prolongación inútil por cuanto la criatura se había acostado y seguía acostándose con todos los hombres de la casa.

A veces, el señorito Cayo, vestido de torero, para hacer más ostensible su dominio sobre la criatura, se acostaba con ella allí mismo, en la gran habitación de los tres hermanos varones, y Jonás, levantando un poco la cabeza de su lectura o su cronicón familiar, asistía a la cópula incoherente de un torero niño con una diosa griega. Esto sí que le daba motivo para escribir, y mucho.

Aparte su traje de torero, que no se quitaba ni para dormir, a temporadas, el señorito Cayo era el más hermano de los hermanos de Jonás, el que de vez en cuando se inclinaba sobre su hombro para leer el cronicón familiar, con un silencio cargado de elogio, el que jamás le llamaba bastardo y de vez en cuando le preguntaba cosas del Derecho Romano, pues que, como más o menos queda dicho, lo leían a medias, y el señorito Cayo intuía que Jonás con más provecho que él.

En las mañanas de la gran casa, el hermano mayor, Carlos Manuel, irónico y becqueriano, tocaba el laúd, el señorito Cayo ojeaba el Derecho Romano y Jonás escribía en su crónica de la familia, los tres dentro del gran cuarto de los chicos. Por la casa andaba como un orfeón errante de criadas, tías y sobrinas que limpiaban el polvo cantando zarzuela (hay géneros teatrales que pasan de padres a hijos como un patrimonio familiar), y todo giraba, implícitamente, en torno del futuro muerto (las familias se renuevan en sus muertos tanto o más que en sus recién nacidos). Y el futuro muerto era el abuelo Cayo, rezador, silencioso, funcionario, asceta y de luto por nadie o por todos los muertos de la casa, desde el siglo XVIII.

«Familia es canibalismo», anotó un día el bastardo Jonás en su cronicón. Incluso se le ocurrió que familia es necrofagia, pero esto no se atrevió a escribirlo. ¿De qué se alimenta una familia sino de sus muertos? Dentro del tedio y la repetición casera, todos parecían esperar una nueva muerte, sin decirlo (en días así, Afrodita Anadiomenes parecía y era la única cosa viva de la casa). El candidato general e implícito a la nueva fiesta negra era el abuelo Cayo, que lo sabía y guardaba silencio, mientras paseaba por el campo con un rosario negro en la mano, rezando, o se metía en la gran cocina a comer queso que iba cortando en finas lonchas con su navajita de plata.

JONÁS el bastardo caminaba solitario por las calles, desde la farmacia de don Martín Bellogín hasta su casa, en la noche de invierno/verano, con un vaso en las manos, por delante, como si llevase un cáliz.

El vaso estaba cubierto con un papel habilidosamente rizado al cristal, en forma de tapa, cubriendo la fórmula magistral que el médico había recetado al enfermo o la enferma. Jonás el bastardo había hecho otras veces este viaje, a lo largo de su infancia y adolescencia, de modo que sabía ya que era el primer viaje mortuorio de una muerte inmediata. Aquellas fórmulas magistrales, que había que encargar por la tarde y recoger por la noche, no servían nunca para nada, salvo para matar al difunto. Nunca se enviaba a las criadas al recado, sino que se confiaba más en las manos delicadas de Jonás, aunque era el pequeño de la casa. La ciudad era una inmensidad de sombras, un pirograbado de intuiciones, sólo ilustrado por los faroles alfonsinos, isabelinos o fernandinos, según los barrios, que llevaban allí toda la vida, y que primero fueron de gas y luego de electricidad.

Jonás pisaba calles que se volvían irreales en la noche, calles conocidas y desconocidas al mismo tiempo, una ciudad muy sabida y una ciudad nueva, como en los sueños. Soñar es otorgar a lo cotidiano la dignidad de lo desconocido. A Jonás le gustaban estos recados, hechos dos o tres veces en su vida, porque le permitían acceder a un reino de moles pálidas y sombras fulgentes que no era su sabida y tediosa ciudad diurna.

De modo que había otra ciudad en la ciudad. Comprendió de pronto por qué algunos hombres salen de noche. Más que la lujuria de la lujuria, está la lujuria de la ciudad. Jonás llevaba su vaso en ambas manos, por delante, sintiendo el frío o el calor del líquido, y sabiendo en cierto modo que le llevaba al enfermo o a la enferma la cicuta final. Como sólo había visto a los médicos en circunstancias mortales, los imaginaba como ejecutores de la muerte.

El vaso, entre sus manos adolescentes, era un cirio, una luz, un tabú, una magia, un misterio, una receta que le abría paso entre la pereza de lo negro. Primero, Jonás el bastardo había hecho ese recado, había llevado esa fórmula desesperada a don Hernán Hernández, sintiéndose portador de la vida, cuando era heraldo ingenuo de la muerte. Luego, se lo había llevado al bisabuelo Cayo, que también murió del tósigo, entre sus rosarios y sus edemas. Hoy se lo llevaba a una tía entre las tías, a una tía anónima, o casi, que se estaba muriendo, quizá la tía Delmirina, cosendera y cursi, lejana y menuda, poco querida de

Jonás. Pero lo importante era que Jonás, en su larga y lenta paseata (no había que romper el vaso o derramar el líquido), ya sabía que llevaba al enfermo/a el tósigo penúltimo, la cura definitiva (esa sanación que es la muerte), y esto no le causaba ninguna inquietud, pues que era sólo un mandado y, por otra parte y sobre todo, no se trataba de sus padres ni de sus madres. Al resto de la familia ya los había salvado en su cronicón, que reputaba inmortal.

De modo que llegó a cogerle gusto a aquellos lentos y largos paseos nocturnos, repetidos cada cuatro o cinco años, cuando la ciudad imaginaba nieblas y el río presentido, cercano y hondo, se inventaba una ciudad a partir de unas luces.

Él tenía una doble función en la familia: inmortalizarlos a todos en sus crónicas e irles dando muerte con la complicidad del médico de cabecera, don Félix, un viejo de toda la vida que se equivocaba siempre. A Jonás el bastardo le gustaba este servicio (para eso era bastardo), y sufriría con los años las equivocaciones de don Félix, hasta casi matarle un día, a golpes, en un duelo, pero todo se contará.

Jonás iba por las calles conocidas/desconocidas, todas de piedra y silencio, con el vaso por delante como un cuchillo erguido y sujeto con las dos manos. Sabía por experiencia que aquel bebedizo era la pócima final del moribundo. Él había creado, en su imaginación y su caligrafía, la estirpe de los Hernández, y él la iba decapitando, uno a uno, cuando le llegaba la hora. La niebla descendía como un cielo espurio y el río soñaba ciudades cruzando al costado frío de la ciudad.

Pero ¿por qué era él el bastardo? Se hacía esta pregunta mientras se acercaba a casa con el vaso de la farmacia de don Martín Bellogín. Los padres de sus cuatro hermanos, dos chicos y dos chicas, habían muerto. Él no tenía padres reconocidos y, sin embargo, siempre había sido acogido como hermano de sus hermanos en el seno de la familia. Dentro de esta confusión, Jonás sólo se ocupaba de discernir a su madre entre las dos madres candidatas e intuidas, entre dos tías solteras: tía Clara y tía Algadefina. De momento, se eludía a sí mismo en su cronicón. Ya llegaría el día de ponerlo en claro. Jonás el bastardo sabía que, con el tiempo, le correspondería llevar la receta magistral y letal a la bisabuela Leonisa, a la tía Magdalena, a la tía Pilar, a la tía Concepción. ¿Y tendría que llevárselo también a sus madres? No. Ese día pensaba dejar caer la medicina por el camino. Aquélla era la medicina de la muerte.

Jonás el bastardo proseguía su paseo por la ciudad que no era, una ciudad imaginada por un río, despacio para no romper el vaso o derramar el líquido. Despacio como sus pensamientos. Despacio como un asesino adolescente, que eso se sentía y de esta previa condición gozaba. Una sombra de sereno, una sombra de perro se cruzaban a su paso bajo los hondos soportales. La farmacia, con su luz blanca y funeral, quedaba ya muy atrás.

YA SUENAN los claros clarines, ya viene el cortejo de los paladines... Los versos sonaban, cantaban, temblaban, eran un río alzado o una música movida por el viento, o una gasa de luz azotada por más luz. Los versos de Rubén Darío en la voz visional y líricamente asustada de Berta Singermann. Ya suenan los claros clarines. Jonás el bastardo, en las localidades altas del teatro Tirso de Molina, el teatro operístico de la ciudad, descubría una belleza nueva en el mundo, en la palabra, o se dejaba descubrir por ella. Sí, más bien era la belleza inédita, audaz y antigua de aquella música, la que le estaba descubriendo a él, la que le estaba buscando, penetrando, encontrando otro yo más desnudo y vibrante que el yo cronista de la genealogía de los Hernández.

Ya viene el cortejo de los paladines. De modo que ésa era la corriente que recorría el mundo, ésa era la música que traía el futuro, ésa era la palabra que le abría a uno en dos mitades, dejando fluir toda la sangre y la belleza del idioma en libertad. Eso era lo suyo, eso sería lo suyo, pensaba Jonás en las localidades altas del Tirso. Pensaba y sentía.

Lo que traía aquel poeta en sus versos era una música y un crimen, una armonía y una rebeldía, la necesidad inmediata de cantar en libertad y de matar a alguien. Jonás siempre había asociado la emoción estética con la emoción de la libertad, que en su corazón llegaba hasta el crimen. Jonás, en esto, se reconocía bastardo.

Pero sabía que, después de aquella mujer, después de aquellos versos, después de aquellas palabras luminosas como trigo y rebeldes como el simple cuchillo afilado por la luz, él ya no iba a ser el mismo, él iba a vivir estremecido como un sable desnudo o un chopo solitario, como una luz o un pecado. De pronto, Jonás volvía en sí y veía lo inmediato, aquella mujer remota y ondulante en el escenario, castigada por mil luces, aquel teatro de rojo y oro, la usura del tiempo en los metales y los terciopelos, la masa del público, como dos acantilados de sombra y nada más (seguramente estaban allí como en la ópera o el cine), el semicírculo amplio y elegante del coliseo, las alturas celestiales y barrocas de la cúpula, la diadema simétrica, mortecina e irreal de los faroles. Al recobrar la realidad, Jonás recobraba otra realidad: empezaba a ver el mundo de otra forma, embellecido o transfigurado por la palabra del poeta y la voz de la actriz.

Pero había una mano cogida a su mano. Sí, la mano de la tía Algadefina, que le había llevado al recital aquel domingo por la mañana. Cada mano, la de la muchacha y la del niño, refugiaba su temblor en la mano del otro. Una misma electricidad les recorría. Jonás no se atrevió a volver la cara hacia tía Algadefina por miedo de llorar o de llamarla madre.

Ahora estaba fijo y tenso en la atención al escenario. Ahora sabía que las emociones de la vida (la emoción de una madre) también le llegaban por vía estética, o no le llegaban. Yo debo ser un monstruo, se dijo. A punto estuvo de adoptar a tía Algadefina por madre para siempre. Era, en todo caso, la que le había alumbrado a una belleza nueva y una libertad cintilante como el futuro. Pues que Jonás vivía el desgarramiento entre ambas madres (hipotéticas). Tía Clara le daba el rigor, la disciplina, la sensatez, la aritmética, la seguridad y la confianza. Tía Algadefina (ya suenan los claros clarines) le daba la ternura, la alegría, la risa, le daba a Rubén Darío y los conciertos dominicales de por la mañana, y los paseos a caballo, cuando niño, y el rodar, abrazados, por el jardín en declive.

Ya suenan los claros clarines, ya viene el cortejo de los paladines. Tía Clara, tía Algadefina. Jonás el bastardo se había sentido desde muy pronto el niño con dos madres y sin ninguna. Por las mañanas jugaba en el jardín con tía Algadefina, daban de comer a los gatos y a los perros, veían volar a las urracas en torno de la alta cosecha de ciruelas (ciruelas con las que luego haría mermelada la bisabuela Leonisa), se bañaban en la alberca, por agosto, él desnudo y ella con un gorro de goma y un bañador azul marino con visos blancos, adorable y delgada: era cuando mejor se veía que era la pequeña de sus hermanas, y no sólo en edad.

Tía Clara, por las tardes, le tomaba la lección de inglés, la lección de Historia, la lección de aritmética, incluso. Tía Clara le estaba haciendo un hombre, y sólo las madres saben hacer hombres, además de parirlos. Jonás, adolescente, se preguntaba si todas las madres no están partidas en dos, una severa y la otra niña. Él las tenía por separado. Sólo con el tiempo aprendería a fundir a ambas mujeres en una obteniendo así una madre completa, salvo la revelación posterior de quién era la madre.

Pero Jonás intuía que su vida, su futuro, estaba más en la música de Rubén Darío que en la aritmética de tía Clara. ¿Acaso no se hace también hombre a un hombre con los claros clarines y el esperado halago sensual de «paladines»? De momento, tía Algadefina había parido en él a otro, a un otro más él, más íntimo y abierto, más fuerte y sensible al mismo tiempo.

Con las manos cogidas todo el rato, en las localidades altas del teatro, las más baratas, Jonás sentía que la mano de Algadefina era seca y morena, vibrátil y muy joven: ¿demasiado joven, esta mujer, para haberme parido? Le angustiaba la duda. Pero tía Algadefina era ya una criatura de Rubén, con el rostro puro, los ojos hondos, el pelo corto y como griego, el cuerpo fino y toda una anatomía de arpa que cantaba con el paso del viento o las caricias de un niño.

Salieron del teatro, como devueltos a una realidad sombría, hasta que el sol dominical de la calle les hizo ver una ciudad de oro con lepra de siglos y torres románicas, con toda una fantasía plateresca improvisándose en la luz a partir del plateresco histórico de los monumentos.

Jonás cambió de lado y se cogieron las otras dos manos, como hacen los novios. Era un tener a la tía Algadefina por la otra punta, por el otro extremo de su sensibilidad delgada y hasta débil, pero tan viva.

Ya suenan los claros clarines, ya viene el cortejo de los paladines. Tía Algadefina hacía una parodia divertida y emocionada de la dicción de la Singermann. Fueron paseando hasta casa, como tantas veces, y a tía Algadefina la miraban los hombres, especialmente los cadetes de caballería, y Jonás no sabía si sentirse orgulloso o enfadado.

En una tarde de la pubertad, Jonás el bastardo, lleno de rebeldía y dolor de cabeza, se fue de casa dispuesto a no volver. Jonás vivía la ajenidad que era su vida y, por otra parte, aún no había iniciado el cronicón de la familia, que luego le ataría a ella tanto como le distanciaría. Jonás no quería sufrir por más tiempo la palabra bastardo en la voz sinaítica del tatarabuelo don Hernán Hernández, ni el siseo de las criadas —la Ubalda, la Ino, la Pilar—, ni el entreojo del vecindario.

De modo que no recogió absolutamente nada, sino que vació sus bolsillos de canicas, cuproníqueles y rabos de lagartija fosilizados, se echó la bufanda al cuello (quizá era otoño), una bufanda blanca con un hermoso anagrama negro que le habían bordado las hermanas (las hermanas no dejaban de quererle un poco), bajó las escaleras lentamente, se alejó de la casa lentamente, perezosamente, evitando toda sensación de huida, y luego se fue perdiendo al este de la ciudad, por entre hospitales y avenidas de castaños, por entre casas de lenocinio y palacios que tenían en sí, aquella tarde, el plateresco del sol y la tristeza de la Historia.

Jonás nunca había andado tanto, ni siquiera en las excursiones del colegio, de modo que pronto se sintió cansado y se sentó en un banco de piedra, en una calle grande y vacía, toda de clínicas, pabellones universitarios, viejos hospitales, chalets incógnitos y árboles inmensos, que le daban ya a Jonás casi la sensación de haber llegado a otro continente.

Sentado en el banco, con calor y con frío, con soledad y con hambre (quizá era la hora de la merienda), Jonás no se sentía alegre ni triste, malo ni bueno, sino que sólo se sentía literario. Literario, sí: el pequeño escribiente florentino, o el pequeño vigía lombardo, cualquiera de aquellos personajes infantiles tan leídos y amados en la escuela.

Se sentía asimismo el Jack de Alfonso Daudet, más todos los niños abandonados de Dickens (que le gustaba menos porque cuidaba menos el estilo). Jonás comprendió aquella tarde, convertido en un personaje del hermosísimo *Corazón* de Edmundo de Amicis, que nunca tendría en la vida sino emociones literarias, que él estaba construido por sus padres —qué padres— de literatura, y que la literatura era su órgano para captar la función del mundo, como los bigotes de su gato eran las antenas de su perceptibilidad. Una vez que hubo descansado un rato, Jonás siguió la caminata, ya con menos fe en su libertad, o con menos libertad en su fe, sin encontrar a su paso más que algunos mendigos, alguna recadera de las putas y algún guardia municipal que le miró con curiosidad, pero sin mayor inquietud.

Jonás hubo de confesarse de pronto a sí mismo que esperaba encontrar un nuevo banco para volver a sentarse. La huida del hogar, aunque sea un hogar indeseado, tenía el inconveniente de que había que andar mucho. Y sentado en el siguiente y remoto banco de piedra, fijo y firme como la tumba de un niño, le cogió a Jonás el tílburi de la bisabuela Leonisa:

—¿Qué haces ahí, bastardo?

—Me voy de casa, bisabuela.

El caballo del tílburi era canela, se movía mucho,

como alegre de haber encontrado al niño de la casa, y bisabuela Leonisa parecía más joven o menos vieja, con pamela oscura de fieltro y las riendas en sus manos leñosas y centenarias.

—Adonde vas a ir es al orfanato, como todos los bastardos.

—Prefiero caminar, bisabuela.

—Anda, sube conmigo o te mato aquí mismo a latigazos.

Y bisabuela Leonisa tenía en la mano el látigo del caballo y las trenzas de su pelo, como una plata vieja y no bruñida, le salían de la pamela. Los ojos abultados y jerárquicos de bisabuela Leonisa pudieron más que la voluntad del pequeño escribiente florentino.

Jonás, mientras subía al tílburi, comprendía que un libro, aunque fuese *Corazón*, de don Edmundo de Amicis, no sirve para defenderse contra la vida.

Y así es como terminó la fuga de Jonás hacia el mundo y la libertad, la larguísima fuga de una tarde. Sentado junto a la abuela, desde lo alto del tílburi, Jonás iba recuperando como infantito la ciudad que había querido abandonar como mendigo.

Le gustaba repasar las viejas calles y las viejas casas. Ahora se sentía el rey niño de todo aquello. Y comprendió que para ser solo, libre, vagabundo y héroe, hay que tener mucho más impulso, mucha más violencia o, simplemente, muchos más años.

Experimentaba el sonrojo interior de deleitarse como príncipe en la recuperación de su ciudad, mientras la bisabuela Leonisa le daba con el látigo al caballo, sin necesidad, y vivía también la angustia de saber que faltaban muchos años para que él se escapase. Porque se iba a escapar de todos modos, de eso estaba seguro. Se tranquilizó, al fin (era un ecléctico, sin saberlo), pensando que lo suyo no había sido una fuga frustrada, sino una fuga anticipada. Cuando uno huye, parece que la ciudad le expulsa. Cuando uno regresa, triunfal, parece que los viejos palacios se han unanimizado para recibirle.

Jonás, al costado violento y milenario de la bisabuela Leonisa, agarrado a todos los salientes del tílburi para no caerse (el carro saltaba sobre los adoquines), vivía el triunfo y la humillación del hijo pródigo. Aunque a él, como queda dicho, le llegaban más los modelos literarios que los modelos evangélicos. Había princesas y putas, niñas y viejas, nobles y pícaros, haciendo doble calle al paso avasallador del tílburi, y todas las caras sonreían vueltas hacia Jonás, y Jonás comprendió lo difícil que es renunciar al principado, aun cuando el principado sea apócrifo.

TÍA CLARA era la norma, el orden, el despacito y buena letra, la lectura explicada de la Divina Comedia y el Quijote, de Milton y Platón. Tía Clara era el paseo lento por el jardín, o por el barrio, o por un parque de la ciudad. Tía Clara era el plátano por la mañana —«los plátanos ayudan a crecer a los niños»—, el filete a mediodía, el pan y el chocolate a media tarde.

Tía Algadefina, ya se ha dicho, era el Modernismo, Rubén Darío, las vanguardias que venían como un luminoso atropello y los juegos por el césped, con los perros y los gatos. Jonás el bastardo fue el niño con dos madres, un niño entre Descartes y Schiller, entre el racionalismo y el romanticismo, y esto él no lo sabía, pero le daba ventaja sobre otros niños, mayormente sobre los niños de madre berroqueña, hecha de una pieza o de una roca. Tardaría muchos años (ahora estaba casi llegando a ello) en hacer la síntesis, en fundir a las dos madres apócrifas en una madre real, en confundirlas, incluso, como una personalidad (toda personalidad) escindida en dos.

Tía Clara era alta, clásica, serena y hasta un poco solemne. Se levantaba hacia las nueve de la mañana, tras haberse tomado la temperatura (siempre estaba un poco enferma, llevaba la tisis por dentro, como una estatua de museo lleva la carcoma), se lavaba y arreglaba sobriamente, leía los periódicos desayunando y solía dedicar las mañanas a contestar la correspondencia (siempre tenía mucha correspondencia, con gente de Madrid e incluso del extranjero), y Jonás se acercaba a admirarle por encima del hombro su pluma estilográfica veteada y elegante, con plumín de oro, y su caligrafía redonda, clara y serena.

(De paso, Jonás respiraba el pelo de aquella hipotética madre, su olor a mujer joven, una cosa que trasudaba estivalmente por debajo de las colonias y los champúes.)

Después del almuerzo (tía Clara le sentaba siempre a su lado, en la mesa), ella reposaba una hora o dos, antes de recibir a las visitas de la tarde o de irse a la calle: unos días, enigmáticamente solitaria; otros, dentro de la legión de hermanas, primas, amigas y cuñadas. Siempre con una pamela clara u oscura, pero ajustada a su perfil exacto, o con un airón de color o pluma o ráfaga en la cabeza. Tía Clara era muy alta y, sin duda, la más elegante del grupo (aunque procuraba no vestir a la última), así como tía Algadefina era la más bulliciosa y adelantada. Lo apolíneo y lo dionisíaco (Jonás aún escribía con estos términos pedantes), combinándose y alternándose como en una sinfonía de Mahler. Claro que entonces se llevaba más Falla y el *Bolero* de Ravel. Tía Algadefina hacía vivir en sí a Falla y al *Bolero* de Ravel, pero tía Clara era un Bach bien tocado por una mujer que tocase a Bach, que hiciera surgir de la música de Bach la mujer que no hay en su música.

En cualquier caso, el tropel perfumado de las mujeres abandonaba la casa, como una elegante estampida de yeguas, como el rastro de un can-can que nadie había bailado, pero que les bailaba a todas por dentro.

Y Jonás el bastardo (más dañado ya por la mujer (madre, tía, posible novia, improbable amada) que sus hermanos), se quedaba más solo que ellos, vivía horas en el foco de perfume (como el foco de luz de los teatros) que ellas habían dejado en el salón. No era el momento de recurrir al amor desnudo y directo de Afrodita Anadiomenes, ni el momento de elucidar una madre entre las madres. Era sólo el momento, el larguísimo momento, de respirar la ausencia de la mujer, eso que luego, en la vida, se le concretaría, con imprecisa precisión, como amante/madre/tía/criada/meretriz/novia/amiga, todo lo que puede ser la mujer en la vida de un hombre, o según el hombre que la *lea*.

Jonás, al atardecer, cuando la alegre pandilla o la tía solitaria salía de casa, vivía previamente eso que luego, en la vida, ha de vivir todo hombre: la huida de la mujer, su saga/fuga, su ausencia, su falta a una cita. No sabía Jonás si las echaba de menos a todas ellas, a la esbelta turba, o a una sola entre ellas. Como remedio, al fin, y como manera de aclararse las ideas, Jonás se metía en el cuarto de los hermanos a trabajar en el memorial de la familia (mejor si el abogado/torero se había ido a una tertulia taurina y el becqueriano del laúd se había ido con una novia entre romántica y pastelera). Y lo primero que le salía a Jonás era el retrato de tía Clara, tal como ha quedado expuesto en este capítulo, más o menos: su sobriedad, su maternidad, su elegancia casi adusta, su clasicismo (que sin duda ocultaba otra cosa, como todo clasicismo), y, sobre todo, aquella manera que tenía tía Clara de pasar de Venus de Milo a dama de Toulouse-Lautrec (Jonás ya sabía que la pintura es la pizarra de la literatura, y por eso la usaba), sin perder dignidad, erguimiento, sobriedad, verdad.

Tía Clara, en aquellas salidas nocturnas (siempre volvían de noche), era como una estatua griega conservando su apostura hembra en un jardín romántico. Como una Venus enferma exaltando su clasicismo bajo la luna, recién desenterrada por el arado renacentista. Tía Clara era Grecia seducida ya por el Oriente (lo que supuso el final de Grecia). Una diosa griega o romana dejándose devorar por todos los venenos que nos acechan en el fango. Y Jonás, tatuado aún por los besos que le habían dejado todas al irse, dulcemente estigmatizado, anotaba en su memorial la frase de un escritor que había sido actualidad poco antes de nacer él:

«Persia, Persia; Grecia es el gran error.» También Jonás se sentía más persa que griego.

EL ABUELO Cayo murió como había vivido: sin dar un ruido. El abuelo Cayo había sido viudo toda la vida, y había ejercido de tal. Hay quien nace para viudo, o para viuda. El abuelo Cayo, desde tiempos que se perdían en los álbumes familiares, había vestido de negro (tenía algún traje con rayita que sólo se percibía muy de cerca: ¿coquetería de viudo?), se había peinado en figura de peluquín un pelo que era natural y suyo, había gastado bigote de un siglo antes, barba corta de institucionista, sin serlo, y, a veces, gafas de pinza sin montura, para leer, aunque no leía otra cosa que el *Kempis*.

Jonás el bastardo curioseaba el *Kempis* del abuelo Cayo como curioseaba el Derecho Romano de su hermano, hermanastro o lo que fuese, el señorito Cayo, hijo del señorito Cayo y nieto del abuelo Cayo, que ahora se moría. Jonás iba en busca de literatura, claro, como siempre, pero le satisfacía más la prosa simétrica y cesárea del Derecho Romano que el pseudolirismo masoquista de Tomás de Kempis, aparte de que las atriciones del señor Kempis eran cosa en la que Jonás no participaba en absoluto. El *Kempis* del abuelo Cayo era un libro negro y rojo, pequeño, usado, que andaba siempre rodando por la casa, pues el abuelo lo tomaba y dejaba al azar. O tenía muy mala memoria, o se lo sabía de memoria.

—Que dónde está el *Kempis* del abuelo.

—Que el abuelo pregunta por su *Kempis*.

—Que hay que encontrar el *Kempis* del abuelo Cayo.

Esta facilidad para perder y encontrar el *Kempis*, el libro único del abuelo (el abuelo Cayo era hombre de un solo libro), puede que estuviese revelando una involuntariedad freudiana (Freud estaba entonces muy de actualidad, aunque no precisamente en la cabeza del abuelo Cayo). Quizá el abuelo Cayo estaba harto del *Kempis*, pues no se puede estar toda la vida leyendo el mismo libro. Pero había, quizá, dos razones para que el abuelo leyese y releyese el *Kempis*:

Que cifraba en este libro su salvación eterna.

Que su pereza mental era incapaz de abrir ningún otro libro, ni siquiera el Año Cristiano (doce tomos del XVIII, carcomidos) que le había dejado su santa esposa al morir, y que asimismo fue la lectura sempiterna de ella: cada noche el santo del día). En esta divergencia de lecturas encontró Jonás, más tarde, haciendo el memorial familiar, algo muy característico de los hombres y de las mujeres: dentro de una común piedad, él prefería la especulación, digámoslo así, el pensamiento, la lírica de Tomás de Kempis.

Y ella prefería las vidas de los santos, amenamente contadas, con una ortografía del XVIII que la abuela había llegado a dominar. La mujer, dedujo Jonás, es un sexo narrativo. Y esto se le confirmaba tanto en los saraos de las tías como en el sarao de las viejas, ya que unas y otras se limitaban a contar historias: jamás se remontaban a una generalización, jamás obtenían un corolario intelectual de tanta acumulación de experiencias verbales o directas. Sólo tía Clara y tía Algadefina le decían a Jonás de vez en cuando una verdad resumida, escueta, general, directa, aguda y valedera. Por eso o para eso eran sus madres.

En todo caso, los encuentros y desencuentros del abuelo Cayo con su *Kempis* formaban parte de los tics o ritos de todo clan, de toda familia, y, en aquella noche de su muerte, Jonás el bastardo vio el *Kempis* junto a la cabecera del enfermo (quizá pensaban meterle el libro en el ataúd, ya que era su pasaporte para el cielo).

Así como el tatarabuelo don Hernán Hernández había muerto espectacularmente, como había vivido, el abuelo Cayo se murió silenciosamente, también como había vivido, sin dar un ruido, se murió de nada, se murió de sí mismo, o se murió de la pócima que el bastardo Jonás, verdugo incruento de la familia, a la par que su genealogista, le trajo de la farmacia de Martín Bellogín, según la receta magistral de don Félix, el ya citado médico de la casa, que asimismo iba conduciéndoles a todos a la tumba con palabras latinas e hipocráticas. Se había repetido el viaje del muchacho por la ciudad, con el vaso por delante, en la noche, cogido con las dos manos, como una espada, sí, y la convicción del recadero en cuanto a las posibilidades curativas o letales de aquel bebedizo. El abuelo Cayo se lo tomó con sed de difunto, como si fuese agua de cebada (la única licencia de su vida) y murió en seguida.

Por una vez, el *Kempis* estaba en su sitio, en la mesilla de noche, sobre el tapetito con Cristos y medicinas. Jonás tenía una teoría de la muerte que ya se ha explicado aquí: unas personas mueren visiblemente segadas por la guadaña y otras se van borrando en el tiempo, como un esbozo. Pero la muerte del abuelo Cayo le reveló a Jonás una tercera forma de morir: la del hombre que hace de la muerte el último acto de su vida; el hombre que ha vivido muerto, que no ha vivido y, por tanto, tampoco muere, sino que se echa un sueño y no abulta más de muerto que de vivo. Ni menos.

Así murió el abuelo Cayo, y por esta misma razón nadie le lloró demasiado. No tenía viuda que le llorase, con lo que todas las mujeres de la familia (abuelas, madres, hijas, sobrinas) se convirtieron por un rato en una viuda colectiva, con ese sentido y ese tacto para la muerte, antiguo y delicado, que tiene la mujer. Al día siguiente se llevaron al muerto, claro, pero el *Kempis* quedó para siempre, olvidado, en la oscura y alta mesilla con tapetito, como el testamento piadoso que el muerto no había hecho, y que nadie leyó jamás.

De la guerra de África llegaban postales, tarjetas, fotos de tenientes con vendaje y estampas de tribus marroquíes, o lo que fueran, un mundo sepia y guerrero, distinto y remoto, por el que se movían, muriendo y matando, los novios y los amigos de las tías. Pero todo eso, que era lo que uno veía en las revistas ilustradas, no constituía sino un anticipo de sí mismo: un día, la guerra, la vanguardia o la retaguardia, llenó la casa de los Hernández: era un continuo ir y venir, entrar y salir de hombres con olor a hombre y geografía, de jóvenes y viejos con una venda en la frente, un brazo de menos y varios machetes en la cintura. Los tres hermanos pedían a los héroes de África que les mostrasen los machetes una y otra vez, machetes que «habían matado moros», y las dos hermanas se enamoraban calladamente, excitadamente, de aquellos hombres, por encima del amor de sus tías, como una ola que sobreviene sobre otra ola. La casa, sí, se llenó de una densidad de guerrero, de un perfume de moro (a los españoles se les había contagiado), de un color que estaba entre la sangre y el sepia de las viejas fotos.

El Barranco del Lobo, el Desastre de Annual, el desembarco de Alhucemas, el año 21, como un año legendario, la Historia viva y caliente, la humanidad violenta y sangrante, sonriente, los guerreros, vestidos de guerreros, que hacían tertulia en los patios de abajo, en los salones de arriba, en cualquier parte, bebiendo coñac, jugando a las cartas, contando sus batallas a las mujeres de la casa. La casa, que se había convertido en un alegre y montaraz hospital de guerra. No había novios ni novias. Todos estaban siempre en grupo, aquellos señoritos guerreros eran como el Imperio devuelto a la metrópoli, para siempre o de vacaciones, una resaca de hombres oscuros y heridas secas, un atezado viento del desierto.

Los tres hermanos vieron primero a los hombres de África como una mitología de cuartel. Sólo conocían de ellos las postales que enviaban a casa o las fotos que venían en las revistas ilustradas: un mundo lejano e irreal, una verdad periodística sin olor, porque lo que da más realidad a las cosas es el olor.

Pero, ahora, la guerra la tenían en casa, podían tocar la sangre, respirar el viento del desierto, que aún se movía tras de cada uno de los militares, como una estela, oler la pólvora quemada que les oscurecía la piel.

Jonás el bastardo veía a las tías, entre aquellos hombres, como las enfermeras de un hospital de sangre. Y veía a sus hermanas enamoradas en bloque de diez o quince hombres a la vez, invadidas por el hombre, vírgenes y como violadas por un batallón. Pobre Ascensión y pobre Paquita.

De modo que la guerra era verdad, aquellos soldados de lujo estaban salvando o defendiendo el Imperio español, la Patria, una Patria rara y oscura, al otro lado del mar, una Patria que costaba trabajo entender. Pero no había más que oírles para ver que estaban cargados de razón, y, en todo caso, la evidencia de la guerra, el olor de la muerte, el perfume de los ausentes (algunos de los más conocidos habían caído para siempre, no volverían nunca más, y su ausencia era la aureola de los vivos), esa realidad nueva que eran los correajes y los uniformes, las armas y las heridas y las mutilaciones, todo esto suponía un alud inasimilable, que a todos los de la casa, mayormente a la última generación, les tenía desconcertados, felices y con mareo.

La llegada de los capitancitos de África produjo en la ciudad, y especialmente en la casa de los Hernández, un curioso fenómeno de sociología militar, o algo así. Los héroes, los aguerridos, hasta entonces, habían sido los cadetes de caballería de la Academia que había en la ciudad. Soldados de juguete, aprendices de soldados, delicadas maquetas de guerrero, hombres que quedaron despintados por contraste con los guerreros de verdad, con los jóvenes capitanes de la guerra, poco mayores que los cadetes, pero que habían pegado ese estirón que supone siempre una guerra, habían sido madurados por las flechas, las balas y el fuego de los moros.

Y Jonás el bastardo no dejó de anotar esto en su memorial: la mujer se enamora siempre más del que ha llegado más lejos; prefiere el militar al civil y el guerrero al militar de Academia.

La prima Marta era alta, bella, monumental, lenta y quizá un poco aburrida, pero de una sexualidad solemne y museística. La prima Marta, en realidad, era prima de las tías, es decir, una tía más, pero ella, con muy buen criterio, había preferido siempre el apelativo de prima, indiscriminadamente, porque la hacía más joven que «tía», y ya no era tan joven.

La prima Marta era de cabeza redonda, pelo moreno y ceñido, nariz bellamente aquilina, de ave de lujo, y cuerpo y estatura que se multiplicaban armoniosamente por sí mismos cada vez que se ponía en movimiento. Tenía fama de mujer libre y al mismo tiempo muy señora —aunque siempre soltera—, y de haber vivido amores adolescentes con un extranjero maduro y casado que había llegado a la ciudad para instalar la línea eléctrica, la línea telefónica, la línea ferroviaria: alguna línea.

La prima Marta era la primera que se ponía el vestido estampado del verano, antes de que llegase el verano, y la última que se quitaba la pamela de agosto, ya en septiembre. La prima Marta, pese a haber elegido el apelativo juvenil de prima (o quizá lo había elegido por eso y contra eso), era callada, catedralicia, estatuaria, quizá un poco aburrida, según ya se ha dicho. Paseaba muy despacio por la ciudad, con frecuencia sola, dejando siempre una estela de hombres tras de sí, marcada por sus amores con el técnico extranjero, quizá alemán, sabedora de que eso la condenaba a la soltería, el *ghetto* moral y el reojo, a la aventura casual con los hombres, a los que no parecía dispuesta a renunciar.

La prima Marta era una clásica que se había metido a alegre chica de los años veinte, y de ahí venía, quizá, el desconcierto y desajuste de su vida. La prima Marta iba licenciando en amor a las sucesivas promociones de la Academia de Caballería, y un ingenio local se preguntó una vez, en una tertulia, si licenciaba también a los caballos. Pero ella se había instalado en esa dignidad de la indigna, en esa dignidad que hay más allá de la dignidad, y que es la de los condenados a muerte, los desahuciados y las putas.

De modo que la prima Marta paseaba su imperio de caderas anchas y libertad por las calles y los salones de la ciudad, dando una lección desconcertante, y nunca entendida por nadie, a las otras mujeres. Ya su anatomía de Venus de Milo iba contra la estilización efébica de las señoritas de la época, pero esto la convertía precisamente en modelo para las jóvenes y para las maduras, por la elegancia y novedad de sus estampados, por la audacia y simetría de sus pamelas, por el color guante de sus perfumados guantes (que a Jonás le gustaba oler cuando ella se los dejaba olvidados).

Las guerras de África tenían al mundo pendiente de España. Las guerras de África eran las penúltimas guerras coloniales de Europa, y el mundo estaba aprendiendo de las victorias y las derrotas españolas (casi todo país europeo tenía su pequeño imperio exótico). Jonás descubrió, con la invasión de los capitancitos de África (de la que sólo había tenido hasta entonces la visión pálida y sepia de las fotos y las postales), que más allá de la vía del tren de la estación del Norte existía el resto de España, y que más allá de España existía el mundo, y que el mundo era guerra y la Historia era muerte.

La invasión de los capitancitos, sí, le dio a Jonás la medida aproximada de lo ancho, vario, hostil y extraño que era el mundo. Y se acordó de su ingenua huida de aquella tarde, cuando había decidido abandonar la casa y la familia, y sólo llegó hasta las rondas Este de la pequeña ciudad. Realmente, había imaginado el mundo como una extensión indefinida de la capital en que vivía. Pero la bisabuela le había rescatado a tiempo.

Con los capitancitos de África, sí, entró el mundo en la casa/palacio de los Hernández, entró la guerra, que es la forma más elocuente de la Historia. Y esto es lo que tenía trastornadas a las dos o tres generaciones femeninas de la casa: no tanto el alud de hombres como el trastorno de la actualidad y del planeta. Con los capitancitos de África, llegaba a aquella casona el siglo XX.

Las tías, las primas, las hermanas, se limitaron a cuidar a los enfermos, coquetear un poco, ofrecerles té a todas horas, aunque ellos preferían el coñac, y cambiarles el vendaje.

Afrodita Anadiomenes se dejó poseer por todos ellos, o por cualquiera de ellos, en cualquier sitio y sin resistencia, en una escalera, en un patio, en una alcoba, en la rampa de césped del jardín, en un traspatio. Y, en cuanto a la prima Marta, también se pasó por su cuerpo museístico y poderoso a todos los que estaban disponibles, aunque, naturalmente, con mayor discreción y selección que Afrodita Anadiomenes. Como la mujer es selectiva, sí, la prima Marta acabó eligiendo a un alférez alto, fuerte, con vendaje en la cabeza, vendaje sobre el que se ponía un gorro redondo de moro, de árabe o de judío: en todo caso, un gorro de terciopelo, burdeos y bordado, con greguería de plata auténtica.

A este alférez, hijo de una de las familias nobles de la ciudad, no le pasaba nada, salvo que tenía una bala de los moros metida en un pulmón, pero él respiraba como podía y fumaba mucho. Estaba de vuelta en la ciudad para someterse a tratamiento en la Cruz Roja, pero nunca iba, por indiferencia a la bala o por prolongar su permiso (mayormente cuando conoció el amor de la prima Marta). Se llamaba Íñigo:

—Que te llevo mañana por la mañana a la Cruz Roja, Íñigo.

—Mañana es domingo. Mejor pasado, mujer.

—Fumas demasiado, Íñigo.

—Fumar es bueno. A ver si en un golpe de tos echo la bala.

En mitad de la cópula, cuando Marta le oía respirar raro, se lo decía:

—La bala, Íñigo.

—No me interrumpas, mujer, que estoy en el trance...

A Íñigo, el hermoso alférez, no le mató la bala de los moros, sino que una mañana fue a la barbería y, al afeitarle, le cortaron un grano infectado (infectado el grano o la navaja), le entró una septicemia y lo enterró su familia con toda la pompa del apellido, que era mucha. Sin razón exacta, esta familia culpaba a los Hernández de la muerte del alférez Íñigo, y concretamente a la prima Marta.

Ambas familias no volvieron a hablarse. La prima Marta, viuda sin matrimonio, muy enamorada, se dedicó a todos los hombres, alféreces o no, que era como no dedicarse a ninguno. Fue para siempre la mujer estatuaria y disponible, triste y hasta grave, que lucía en todas partes la monumentalidad de su dolor (todo era monumental en ella), sombreada bajo el sol de la Hípica, en las tardes de domingo, o maquillada de luces interiores en la intimidad del Aero Club. Un amor desgraciado siempre ennoblece a una mujer, por muy puta que haya sido.

SE DECÍA que, en tiempos, a tía Algadefina había venido a buscarla un cadete, el cadete Pencos, para llevarla a misa de una a la catedral, que era domingo, y tía Algadefina se había subido al caballo como un hombre, con cada pierna por un lado, y no a mujeriegas, con las dos piernas juntas, que era como montaban las mujeres por entonces. Sobre todo, las mujeres que compartían el caballo (es casi como compartir una cama) con un hombre.

Se decía que la llegada de la pareja a la explanada de la catedral fue un escándalo (el cadete Pencos dejó el caballo atado a un árbol), y que hasta don

Marcelino, el orador sagrado, aprovechó su homilía del domingo, a mitad de la misa (la misa del gran mundo local), para hablar de una juventud que está perdiendo el respeto a las normas y a los principios. Sin duda, le habían informado urgentemente de la llegada de la pareja. El cadete Pencos quedó impresionado por la posible alusión del orador sagrado, y, mayormente, por las repercusiones negativas que esto pudiera tener en la Academia y en su carrera. Algadefina, por su parte, le llevó a visitar la capilla donde estaba embalsamado el tatarabuelo don Hernán Hernández, que, así al pronto, al cadete Pencos le pareció un Cristo yacente, hasta que la niña le explicó que se trataba de un antepasado de la familia, el más brillante de todos, ya que no el fundador de la dinastía, que era mucho más antigua.

El cadete Pencos, exaltado con todo esto, y con la posibilidad de entrar, mediante matrimonio, en una familia que tenía sus muertos en la catedral, hizo una locura a la salida. Sacó su pistola y la descargó contra el reloj de la torre, que estaba debajo del Sagrado Corazón de Jesús. El reloj se paró a las dos menos cuarto en punto, y al mismo tiempo se pararon todos los relojes de la ciudad, los relojes de torre, los gruesos patatómetros de los patriarcas, los finos relojes de repisa, los solemnes relojes de columna, los ridículos relojes de pared, los infantiles relojes de cuco, con el cuco dormido en su interior.

Durante un año, la ciudad fue una ciudad sin tiempo, sin relojes, gracias a lo cual todo el mundo vivió un año más, y en aquel año no se murió nadie, ya que lo dejaron para el año siguiente, y el cadete Pencos tuvo que repetir curso y el cementerio, en un año sin entierros, se llenó de malezas, vegetaciones, plantas exóticas que daban de sí los muertos o que traía, en semilla, un viento nuevo a la ciudad.

El cadete Pencos, como todos los cadetes de la época, realizaba en lo posible el modelo de Don Alfonso XIII, Rey reinante, con bigote bizarro, esclava en una muñeca (sólo fuera de la Academia), y esa mezcla de marcialidad y cansancio civil que hacía simpático al monarca. En otras excursiones a caballo, Algadefina llevó al cadete hasta el cementerio, siempre en el caballo bayo de Pencos, y así fueron viendo cómo la maleza se comía los muertos, cómo la vida se comía la muerte, cómo un tornado vegetal borraba las tumbas y los nombres, la tipografía marmórea del cementerio, la caligrafía del olvido.

Una tarde, contra el crepúsculo literario del Este, cuando la noche morada venía como un cielo final, cruento y hermoso, Algadefina decidió poseer al cadete Pencos sobre una tumba ilustre, almohadillada de vegetación, y consumaron su amor mientras el caballo bayo comía de la verdura sabrosa que dan los cadáveres...

Volvieron otros domingos a misa de una, a la catedral, montando el caballo como se ha dicho, asistieron a la ira creciente de don Marcelino, el orador sagrado, el oráculo de los cristianos de oro, y, a la salida, subidos otra vez en el caballo, miraban el reloj parado a las dos menos cuarto, como todos los relojes de la ciudad, hasta los de las relojerías, durante un tiempo indefinido que resultó ser un año.

El relojero Temiño, bajo y oscuro, entre árabe y judío, veía arruinado su negocio de relojes de oro y plata, de relojes del XVIII (obscenamente falsos), relojes de columna o de pared o de repisa, relojes de bolsillo, de chaleco o de muñeca, de modo que se fue a hablar con las autoridades una y otra vez (la primera vez eran de Cánovas, la segunda de Sagasta), y todos los alcaldes le explicaron que no había manera de poner en marcha el reloj de la catedral, por el que, sin duda, se regían los demás, ya que el tiempo es un misterio. Habría que llamar, en todo caso, a un relojero suizo, y el presupuesto municipal no daba para tanto. Eso, un relojero suizo. Entonces, el señor Temiño se fue a ver a don Marcelino y a todos los canónigos y arzobispables de la catedral, para hablarles del caso, pero don Marcelino, el más elocuente, si no el más autorizado, se lo dijo con palabras racionales (cuando la Iglesia se vuelve racional no hay quien pueda con ella).

—El reloj de nuestra catedral se paró cuando un équite blasfemo disparaba contra él, o quién sabe si contra el Sagrado Corazón de Jesús, que está encima; digamos que es un milagro inverso de Dios, que ha parado el tiempo en esta ciudad. Otro milagro del Señor, cuando él tenga a bien realizarlo, nos devolverá el tiempo, que corre por nuestra vida como la sangre por nuestras venas. No es bueno forzar al Señor con artimañas de la luterana y calvinista Suiza. Dejemos las cosas en su estar.

Después de esta conversación, o monólogo de don Marcelino, el *pico-de-oro*, según repugnante metáfora de la derecha, el relojero Temiño decidió dedicarse a las joyas, los pendientes y todas esas cosas que gustan a las mujeres, para seguir vendiendo plata falsa y oro alemán. Ya echarían los relojes a andar cuando les diese la gana, o le diese al Sagrado Corazón de Jesús, y luego vendría una nueva moda de los relojes, con el tiempo otra vez en marcha, que le haría millonario, aunque ya lo era. El relojero Temiño, en su escaparate, se limitó a cambiar los relojes por esmeraldas.

Con todas estas cosas, la carrera militar del cadete Pencos iba fatal. Los generales le acusaban de subversivo y los cardenales le acusaban de sacrílego. Algadefina estaba arruinando la carrera de un futuro héroe de la Patria, pero él no podía renunciar a las dulcísimas cópulas en el cementerio sin muertos recientes (ya está dicho que nadie se murió en un año: fue un año en blanco), sobre la maleza exótica (los muertos dan una maleza muy rara, los muertos, si se les deja a su aire, resulta que son tropicales) que cubría y acolchaba una tumba ilustre.

Algadefina, sí, estaba arruinando la carrera militar del cadete Pencos, pero le daba igual o no se enteraba. Y, en cuanto al cadete, la pasión no le permitía razonar. Ésta fue la primera historia de amor de tía Algadefina, que el bastardo Jonás escribiría luego más detalladamente, hasta su asombroso final. Algadefina, por su parte, siempre adolescente, regresaba a casa cada noche, regresaba del cementerio, el fornicio, el cadete y el caballo, limpia y pura, alegre y nueva. Y hasta recitaba a Rubén:

Ya suenan los claros clarines,
ya viene el cortejo de los paladines...

AFRODITA Anadiomenes, algunas tardes, subía a Jonás el bastardo hasta su buhardilla estrecha, luminosa y en declive. Desde aquellos ventanales pobres y extensos se veían las torres de la ciudad, la lírica, románica y solitaria torre de la Antigua, la torre de la catedral, que era el Sagrado Corazón de Jesús, con el reloj debajo, reloj que habían mantenido quieto durante un año, a las dos menos cuarto, los disparos de un cadete enamorado y rebelde, el señorito Pencos, de tanta recordación en la familia.

Torre de Santiago, torre de San Pablo, torre del Ayuntamiento, fiesta de las torres en la tarde limpia y alta. Jonás comprendía allí la usura de los ricos, de las grandes familias, pues que relegaban el servicio a los más altos y hermosos panoramas de una casa. Afrodita Anadiomenes iba y venía, desnuda (jamás se le había ocurrido vestirse, ni nadie se lo había sugerido), ordenando un poco la habitación, y Jonás el bastardo, después de mirar la tarde y las torres, que le quedaban en la memoria como una litografía, se tendía en la cama de Afrodita Anadiomenes, ancha y pobre como una barca de pescador, por ver a la criada moverse desnuda de allá para acá, con todos sus encantos colgantes, arreglando estampas o limpiando el polvo que no había. Por fin, Afrodita Anadiomenes se tendió junto al muchacho y empezó a desnudarle:

—Afrodita...

—Qué.

—Tú has sido la querida de muchos hombres.

—En francés se dice «hacer el amor».

—¿Es que una criada me va a enseñar francés?

—Perdone el señorito bastardo.

—Eres una hija de puta.

—Y además de verdad. Me parece que lo dice Cervantes, ya ves que soy leída: «Puta la madre, puta la hija, puta la manta que las cobija.»

Afrodita seguía desnudando al chico.

—A mí no me gusta estar en el sitio donde han estado tantos hombres, Afrodita.

—Yo es que me lavo mucho, ¿sabes? Si no, ya estaría empreñada.

—Pero yo no quiero holgar contigo.

—Pues holgaré yo contigo. No tienes más que quedarte quieto.

—¿Eres una bruja, Afrodita?

—Soy una esclava griega. Esto, que es lo más alto de la casa, es en realidad el fondo de la casa, el sótano, el cimiento. Todo se hace por holgar, en esta vida, y para holgar, yo obligo a los hombres a subir aquí, en vez de bajar yo a ellos.

—Cuánto sabes, Afrodita.

—No sé nada, bastardo, pero tú me gustas porque eres el heterodoxo de la familia.

—¿Quién te ha enseñado a hablar así?

—Me llamo Afrodita Anadiomenes.

La tarde, en el ventanal, se iba desplazando lentamente de sí misma, por el cielo, como un mar que se retira. Resulta que la mejor vista de la casa la tenía la criada, por esa costumbre de relegar a las criadas a las mansardas. Las torres de la ciudad eran lanzas de fuego cansado en un sol último y feroz. Afrodita Anadiomenes iba desnudando lentamente a aquel muchacho que había conocido de niño.

—¿Nunca te cansas de gozarte hombres, Afrodita?

—Todos los hombres son el mismo hombre. Lo mío es como una vida matrimonial. Me acuesto cada noche, o cada tarde, con el mismo, aunque cambie cada día, porque yo fornico con el hombre, y no con individuos, con cadetes, con capitancitos de África o con tus hermanos.

—Entonces, ¿es verdad que eres una diosa?

—No soy más que una chica para todo. La bisabuela Leonisa me sacó de un lupanar para traerme aquí a servir.

—¿Qué es un lupanar, Afrodita?

Afrodita acariciaba mansamente el miembro viril de Jonás.

—Una casa de putas.

—¿Tú eres una puta, Afrodita?

Cuando el miembro del muchacho estuvo en erección, la criada cabalgó sobre él:

—Todas las mujeres lo somos.

—¿Todas cobráis?

—Lo de menos es cobrar. Eso pertenece a la segunda acepción que da el diccionario. Somos putas porque vivimos dedicadas a la religión de la verga.

—¿Pero tú has leído el diccionario?

—Calla y responde, hijo mío.

Así fue como Afrodita Anadiomenes violó una tarde, muchas tardes, a Jonás el bastardo, con piedad y erudición, con sabiduría y religión.

—Me gustas más que los otros porque eres como yo, de la raza de los acusados.

—Qué cosas dices, Afrodita, no pareces una criada.

—Los dioses griegos se han quedado en muy poco, Jonás, y menos las diosas. Las diosas nos hemos quedado en meretrices.

—¿Qué es eso?

—Putas.

Afrodita Anadiomenes era mujer de orgasmos múltiples y encadenados que disfrutaba mucho con la erección indeclinable del joven bastardo, del pequeño escribiente florentino, del joven vigía lombardo.

—¿Sabes que eres muy bueno para la cama, bastardo? —y le besaba por última vez en la boca, con su beso dulce y violento de criada y de diosa.

Luego le enseñaba sus tesoros domésticos, sus plumieres con cintas, sus cajas de botones, sus daguerrotipos de feria y de pueblo. El cielo era inesperadamente inmenso sobre la ciudad, en el ventanal, y la ciudad era melancólicamente pequeña. Sólo estaba iluminada la torre de la catedral, con la imagen del Sagrado Corazón de Jesús y el reloj, parado a las dos menos cuarto, porque era el año en que el cadete Pencos, lleno de ira sacrílega contra don Marcelino, disparó a la torre, dejando a la ciudad sin tiempo —¿quizá más feliz?— durante un año.

SEMANALMENTE, la bisabuela Leonisa recibía a sus amigas, supervivientes, parientes lejanas y viandantes de todo un siglo. La cosa era los martes por la tarde. Así como en las tribus primitivas hay una Casa de los Viejos, donde se reúnen los ancianos milenarios a discutir sus cosas y las cosas del pueblo, aquel salón antiguo, negro y oro, de la bisabuela Leonisa, con algo de capilla ardiente y algo de salón del XIX o así (Restauración/Regencia), era la Casa de las Viejas, adonde acudía Marcela (se llamaban todas por sus nombres, sin otros tratamientos, como adolescentes), la señora con bocio, acudía Concha, con cáncer de piel y contrapariente de la abuela Leonisa, acudía doña Manuela Sanmartín Marticorena, rubia y navarra, acudía la Portuguesa, que era la pariente pobre, y otras varias calaveras que Jonás el bastardo no tenía identificadas en su memorial. Si la bisabuela Leonisa estaba lúcida y dominadora, todo iba bien. Las hacía hablar por turno y les daba café con mistela. La bisabuela Leonisa era la que hacía mayor consumo de mistela, a veces se pasaba y acababa derramando el café por las alfombras o contándoles a sus amigas el marido que había tenido, muerto hacía siglos, y que le hizo muchos hijos, pero no hablaba.

Llegado este momento, las señoras se iban retirando discretamente, y las criadas —La Ubalda, la Ino, la Pilar— lo limpiaban todo un poco y acostaban a la bisabuela Leonisa, si es que se dejaba: más frecuentemente, se quedaba dormida de siglos y mistela en el rincón de un sofá con flores y aves modernistas. Jonás el bastardo se asomaba a veces a estas soirés de los martes y no entendía una palabra de lo que se hablaba, tanto por lo remoto de las historias que contaban como por el lenguaje o argot generacional en que se desenvolvían: Jonás comprendió pronto, y así lo anotaría en su memorial, que la lengua universal no sólo está partida en idiomas (nunca le había fascinado el mito de Babel, salvo el cuadro del Bosco al respecto), sino que, a partir de la pura guturalidad humana, cada idioma es distinto en cada hablante, y, sin llegar a eso, no sólo cada región tiene su lengua dentro de la lengua, sino también cada generación. Jonás, sin proponérselo, hacía un corte en el lenguaje, en el español, en el castellano, más que por regiones o nacionalidades (estaba de moda en los periódicos hablar de eso), por generaciones.

Anotó Jonás en su memorial: «Se entienden mejor un catalán y un castellano de la misma generación que dos catalanes o dos castellanos, entre sí, si son de generaciones distintas.»

Jonás era muy sensible al habla del tatarabuelo don Hernán Hernández, al habla de la bisabuela Leonisa, al habla del abuelo Cayo (si es que el finado habló alguna vez), al habla de sus hermanos, que era, naturalmente, con quienes mejor se entendía oralmente (por no hablar del lenguaje de sus tías y madres, tan tocado de mundanismo que a veces le era incomprensible, incluso hostil).

Asimismo, estaba el habla de las criadas, la parla entre cerril y culta de Afrodita Anadiomenes, etc. De modo que los lenguajes, los argots, se dividían en Jonás hasta el infinito, y casi todos tenían su encanto. Todos le enriquecían. Hubo un momento en que dudó entre unos lenguajes y otros, hasta que al final decidiera asumirlos todos, omnívoramente, y hacer su memorial con el machihembrado de tanta riqueza oral como da España.

Jonás estaba llegando, sin saberlo, a una antropología del lenguaje, o algo así, estaba llegando a comprender, sin formulárselo, que, así como el hombre prehistórico *no* se hizo cazador, sino que el cazador se hizo hombre, el hablante no hacía el habla, sino que el habla hacía al hablante. En principio fue el Verbo, y la Iglesia sabía lo que se hacía al asumir esta verdad.

A Jonás le parecía caprichoso diferenciar el habla por regiones, por naciones. Jonás iba más lejos y, con su fino y dibujado oído para las lenguas, distinguía el argot personal de cada ser, y cómo ese ser se constituía en tal gracias al habla heredada y las modificaciones que esta habla experimentaba al pasar a través de él.

Hombre y lenguaje se hacen mutuamente. Pero Jonás no supo fijar esta fórmula en su memorial con tanta precisión, sino que utilizó para expresarlo unas cuantas páginas, y al final lo dejó sin expresar. Lo cierto es que el tatarabuelo había hablado como un militar de paisano, como un teniente coronel en domingo. Que la bisabuela Leonisa hablaba como un neoclasicista del XVIII (sus lecturas del Año Cristiano). Que el abuelo Cayo no hablaba o lo hacía lacónicamente, sólo con verbos y sujetos. (Fue, sin saberlo, un precursor de Azorín, que tampoco sería criatura oral.)

Luego estaba la división entre hombres y mujeres. Ya en la generación de Jonás, las hermanas, Paquita y Ascensión, hablaban como señoritas antiguas, en un estilo romántico degenerado. El hermano torero hablaba una jerga entre lo taurino y lo estudiantil. El hermano poeta hablaba entre Bécquer y el cine. Y las *madres* del bastardo Jonás. Tía Clara hablaba como Azaña, don Manuel Azaña, que a su vez hablaba como un clásico actualizado, una mezcla de Azorín y Valle: Azorín por el laconismo, Valle Inclán por la eficacia.

Tía Algadefina, la otra madre, hablaba como se habla en la calle, con naturalidad y cultura. Jonás el bastardo estaba enamorado de tía Algadefina por el lenguaje, que era popular y entrañable. Con sus hermanos hablaba la misma lengua, y se entendían generacionalmente. El lenguaje de la bisabuela Leonisa era antiguo como un arma de panoplia, eficaz como un cuchillo de cocina y hermético como un argot de gineceo. Jonás el bastardo, sin saberlo, estaba enriqueciendo su prosa con todos estos lenguajes, idiomas, hablas, parlas, dialectos e idiotismos.

A LA TÍA, prima, amiga o lo que fuese, a Delmirina, en fin, le tocó bailar con el más feo, como siempre. Delmirina era menuda y revieja, joven sin juventud, y siempre llevaba algún sombrerito muy terminado y adornado con un gran botón azul, grande e innecesario.

Delmirina se lo adornaba todo con grandes botones. Nunca había entendido que los botones sirviesen para abrochar las cosas. Ella se ataba los abrigos y los vestidos mediante complicados lazos, pero luego se llenaba la ropa y los sombreros de grandes botones, generalmente botones de colores equivocados y formas inesperadas, hasta llegar a esa fantasía inadmisible del botón cuadrado, que a veces llegaba a la estilización del rombo. Todo esto debía ser lo que Delmirina consideraba un estilo, pero lo que parecía Delmirina, sencillamente, era un muestrario de botones.

Le tocó, sí, a Delmirina, bailar con el más feo, que resultó ser un tenientillo de África, o quizá subteniente, bajo, cojo, zazo y zambo. La guerra, que también es irónica, consagra con sus heridas a los más bellos, a los previamente consagrados, pero cercena a los previamente cercenados, mutila a los mutilados de nacimiento, convierte en un muñón a un hombre que sólo tenía un poco de chepa, o sea que era chepudito.

A Delmirina le tocó aquel tocón humano (recordemos que tocón es lo que queda de un árbol cortado de raíz). El tocón se llamaba Blas y arrastraba sus miserias, uniformes, medallas, cojeras, manquedades y borracheras por los salones de la casa, buscando siempre un hueco para jugar a las cartas (era el jugador a quien sólo se recurría a falta de otro).

En cuanto al coñac, cuando a Blas, el subteniente, o lo que fuese aquello, le tocaba un culo de botella, pedía a las enfermeras del improvisado hospital de sangre el frasco del alcohol y le añadía un chorrito a la bebida. Blas sostenía, entre hombres (Jonás procuraba quedarse falsamente adormilado en las tertulias de hombres solos), que todas las mujeres lo tienen igual, en la misma dirección, o sea, vertical, y que lo mismo da una que otra, con lo que le venía bien Delmirina, aunque no entendía mucho su obsesión porvenirista por los botones.

Jonás aprendió a ramonear por las tertulias militares de madrugada que se prolongaban en su casa, hasta probó el coñac de los guerreros, que al principio no le gustaba, y nunca jugó a las cartas, salvo la brisca (tampoco tenía dinero para ello), pero se le escaparon algunas frases felices que le harían casi popular entre los capitancitos.

Por ejemplo, un día fue y soltó: «Ceuta y Melilla son como dos tetas que le han salido a España por detrás. ¿Por qué tenemos que morir por esas tetas?» Los capitancitos rieron mucho y luego, entre el caliqueño, el coñac y el naipe, se quedaron pensando el sentido de la frase. Hasta que un africanista más entallado que los demás, Gonzalo Gonzalo, capitán con estatura, heridas, cojera dandy, años indecisos, estatuaria atezada, audacia y voz de barítono dramático, fue y le preguntó a Jonás, o le dijo:

—Jonás, tú eres el bastardo de esta casa, y no me parece mal, porque toda familia ilustre se decora con un bastardo, pero me parece que además, como todo bastardo, eres un antipatriota, quizá un pequeño liberal de mierda, que ya tienes edad para coger un fusil y venirte con nosotros a matar moros.

—Perdone usted, don Gonzalo Gonzalo, pero es que no entiendo bien si los moros hay que matarlos o hay que salvarlos, como españoles que son, según he oído.

—Eres listo, bastardo, y sólo quiero saber quién de las muchas mujeres de esta casa es tu madre para violarla delante de ti, a ver si aprendes a respetar a España, y nuestra guerra y nuestros muertos.

El capitán se había puesto en pie. Jonás seguía sentado en un hondo sillón.

—Es usted un chulo africanista, mi capitán, como lo son todos ustedes, y están defendiendo una causa estúpida y pretenciosa. África es de los africanos. Eso está claro. El Imperialismo se acaba en el mundo, incluso el inglés, pero ustedes utilizan esta guerra para revestirse de héroes y hacer luego mejores bodas en España, cuando vuelven. Eso, aparte los que pagan una cuota para no ir y que vaya por ellos un obrero. Por pocas pesetas, se puede conseguir que cualquier obrero muera en lugar de uno mismo. Ésa es la grandeza de esta guerra.

—Te he hablado de tu madre, bastardo, y no tienes cojones para defenderla. Deja la política, que de eso no sabes nada.

—Nunca le diré quién es mi madre, pero le aseguro que ella no se deja deslumbrar por capitancitos africanistas. Y a partir de ahora, tenga mucho cuidado en esta casa porque yo le voy a matar a usted por la espalda y nadie va a saberlo.

—Me parece que tú eres un alevín de intelectual maricón.

La tertulia estaba como tallada en piedra y silencio. Las copas tenían en el fondo anchas monedas de coñac. Don Gonzalo Gonzalo, en pie, barroco de pistolas y cuchillos, temblaba un poco ante la insolencia de aquel niño que era como Jesús entre los doctores, pero en bastardo, suponiendo que Jesús no fuese también bastardo.

—Don Gonzalo Gonzalo, ya sabe usted que si sigue abusando de la hospitalidad de esta casa, le voy a matar un día por la espalda. Ustedes no se merecen nada mejor. Buenas noches y gracias por el coñac, que por otra parte es mío.

Antes de que el grupo reaccionase, Jonás se había ido suavemente, quedamente, calladamente, silenciosamente, y subía unas irreales escaleras irrealizado por la mirada colectiva. Ya en su dormitorio, cayó sobre la cama cansandísimo y sonámbulo, agotado de haber hecho de hombre entre los hombres. Algún lejano reloj de algún lejano salón daba las cinco de la mañana con una remota solemnidad de carillón, como poniendo paz y sueño entre los dormidos y los muertos.

A PARTIR de aquel día, o de aquella noche, Jonás el bastardo empezó a alternar con los capitancitos, como ya se les llamaba en la casa y en la ciudad. Aprendió a jugar el naipe, beber coñac y hablar de mujeres. Don Gonzalo Gonzalo se mantenía en una prudente reserva respecto del bastardo, quizá porque había descubierto en él a todo un hombre, quizá porque comprendía que un conflicto con aquel chico, bastardo y todo, habría supuesto su expulsión definitiva de una casa donde había encontrado paz, descanso, amistad, confianza, coñac, ocio, mujeres, cuidados, un respeto a su aureola, justificada o gratuita, de héroe entre los héroes. Una noche, cansados del juego, cansados de ganar y perder dinero (Jonás se jugaba sus ahorros y le pedía prestado a Afrodita Anadiomenes), volvieron, como volvían siempre, al tema de la guerra y el Imperio. Jonás tornó a hablar alto y claro:

—Hace bastantes años, el Congo y Bélgica llegaron a un acuerdo que convenía a ambas partes. Era un acuerdo insólito entre dos países exóticos el uno para el otro, y contrapuestos. Bien, pues al día siguiente de firmarse el pacto, la Prensa belga hablaba ya de la Madre Patria, que era Bélgica, naturalmente, y de todo lo que el Congo podía esperar de la Madre Patria, y ofrendarle a su vez. ¿Cómo se puede improvisar la maternidad en un día? Algún humorista pidió que hubiesen esperado por lo menos nueve meses. Hoy hablamos del Congo Belga con toda naturalidad, como de una realidad geográfica e histórica. Pues lo mismo nos está pasando a los españoles y les está pasando a ustedes con su guerra.

—Este jovencito sabe más de lo que parece.

—Este jovencito debe ser un anarquista.

—O un masón.

—En cualquier caso, no es un patriota.

Y todos se volvían a mirar a don Gonzalo Gonzalo, el deuteragonista de Jonás, pero don Gonzalo Gonzalo hacía solitarios sobre una mesita supletoria, envuelto en la nube azul del humo de su puro.

De modo que Jonás no necesitó salir al mundo para conocer la verdad macho de la vida, sino que esta verdad se le entró en casa con la guerra. Los oficiales, los suboficiales, los capitancitos, lo que fueran, no sólo le admitían entre ellos, sino que habían empezado a respetarle. Jonás, de vez en cuando, les hacía concesiones:

—Yo admiro su esfuerzo, su heroísmo, su sangre, su muerte, su patriotismo, todo lo que ustedes están haciendo, pero creo que la Historia, y no ustedes, está equivocada.

Don Gonzalo Gonzalo iba y venía por la casa, exhibía su estatura, su uniforme, sus heridas como medallas y sus medallas como heridas. Casi siempre llevaba el gorro puesto bajo techo, como con cierta insolencia, y le realzaba el humo de su puro, así como le explicaba un poco (habiéndose vuelto tan lacónico) el ritmo lento de sus tacones o el sonido delicado y militar de sus espuelas.

Porque don Gonzalo Gonzalo gastaba espuelas.

Los carillones de la casa seguían avisándose la hora unos a otros, innecesariamente, pues en aquella casa ya no había horas ni días (como en el lejano año sin tiempo que provocara el cadete Pencos), sino que todo era una continua tertulia de hombres y mujeres, de militares y criadas, o una madrugada de hombres solos con su naipe, su coñac y sus discusiones sobre batallas.

Jonás iba comprendiendo que la vida de los héroes y los guerreros es deslumbrante, pero aburrida. Existe una monotonía del heroísmo, como existe una monotonía de la monotonía, que es la que vivimos todos. No se puede ser héroe las veinticuatro horas del día, y este esfuerzo era el que tenía a aquellos hombres vacíos, cansados, nerviosos y quizá hasta peligrosos.

La prima Delmirina, prima o lo que fuese, salía con el soldado Blas, soldado con alguna graduación, pero fundamentalmente soldado, tanto en el sentido alto y simbólico de la palabra como en el sentido bajo y escalafonal. Eran felices en su fealdad compartida, en sus mutilaciones, en sus limitaciones, en sus frustraciones. Daban de comer a las palomas de los parques, se columpiaban en los columpios infantiles, almorzaban bocadillos a la orilla del gran río, improvisando un día de excursión, se metían en los cines de Max Linder, Mack Sennett, el gordo y el flaco, Buster Keaton, Harold Lloyd, Chaplin y toda la gracia muda de la época, se besaban mucho entre risa y risa, buscaban, en el atardecer, la última verbena de la ciudad, en los suburbios morados y musicales, y montaban en los caballitos o se mareaban en la ola. Luego cenaban en un merendero del otro río, la Esgueva, entre albañiles, carpinteros y otros gremios alegres y confiados, que le pedían autógrafos al soldado desconocido, Blas era el soldado desconocido, y encontraban encantadora y sencilla a la señorita:

—¿Y cómo va lo de la guerra de África, señor capitán?

Blas, poco más que ordenanza militar, era capitán entre aquella gente.

—Los moros son cosa nuestra —respondía el glorioso Blas, mientras iba royendo un hueso de pollo y pidiendo más sidra.

Pero aquella precisa imprecisión de Blas no dejaba informados a los hombres gremiales de la Esgueva.

—Se le invita a sidra, mi general, si nos explica usted con detalle la campaña de África.

Y Blas se encontraba rodeado de artesanos que compartían su sidra y respetaban mucho a la señorita Delmirina. Blas era el héroe entre héroes, en las orillas de la Esgueva, como don Gonzalo Gonzalo o Íñigo lo habían sido entre la gente bien de la ciudad.

—No hay mucho que explicar, amigos. El barranco del Lobo y el desastre de Annual quedan atrás. Ahora sólo hace falta un hombre fuerte que, desde Madrid, nos lance a la acción definitiva contra el infiel.

Blas, como se ve, tenía a veces una retórica de sidra que le daba buen juego entre los artesanos. Blas, por otra parte, estaba prediciendo, sin saberlo, el advenimiento de Primo de Rivera, el desembarco de Alhucemas y la pacificación del territorio moro. La sidra es que da mucha inspiración.

—Nosotros, señor general, tenemos casi todos un hijo luchando allá, por la cuota, ya usted sabe, y por eso nos preocupa la suerte de la guerra.

Los artesanos que rodeaban a Blas y la señorita Delmirina tenían esa calidad de hortaliza que tiene el pueblo, y que con el tiempo se tornaría en calidad mineral, cuando empezaron a trabajar en las fábricas. La cuota era el dinero que daba la familia de un señorito para que el señorito se librase de la guerra, y en lugar de él se metía a un obrero. Esto es, más o menos, lo que Jonás había recordado a los capitancitos en sus primeras conversaciones.

—Yo, pese a mi grado y mis condecoraciones —decía Blas, exaltado ya por la sidra—, soy el que más se identifica con el sacrificio y el heroísmo y la sangre de los artesanos y los jóvenes obreros españoles que van a África a salvar la Patria. Yo, queridos españoles, queridos paisanos, tengo que hacerles una confesión: yo soy también de origen humilde y me he ganado mi grado y mis cruces jugándome la vida por España y por el Rey. Espero que sus hijos sigan mi ejemplo, y en Marruecos he visto que lo siguen. No olvidemos, queridos y entrañables paisanos, que Napoleón también empezó desde abajo. La milicia es una carrera heroica en la que el hombre puede llegar al plinto de los dioses.

Parece ser que, en efecto, la sidra da elocuencia, y la prima Delmirina veía a su Blas, en aquellas noches estivas de la Esgueva, no sólo como un héroe, sino como un orador casi sagrado. Después de todo, ella también había bebido sidra. Pero el alcohol, sidra o lo que sea, tiene relámpagos de lucidez, y de pronto, sin querer, la prima Delmirina veía a su héroe, en pie y gesticulante, sorda ella a sus palabras vacías, como uno de los héroes del cine mudo que les habían divertido por la tarde. Un ordenanza militar equiparándose con Napoleón.

De vuelta a casa en tranvía, Blas y la prima Delmirina se cogían las manos en silencio y se miraban. Los enamorados nunca tienen nada que decirse. Por eso dura el amor.

Se besaban por las últimas esquinas y Blas avanzaba manos mutiladas por el cuerpo sin sorpresas de la prima Delmirina. Blas se quedaba en cualquiera de los corros, jugando el naipe, y trayendo un café o un coñac cuando algún superior se lo pedía, y la prima Delmirina subía a sus habitaciones, borracha de gloria, amor y sidra, para dormir sola, casta y feliz.

El bastardo Jonás, el amanuense, seguía de lejos o de cerca aquel idilio y anotaba en su memorial cómo el amor suele ser más completo, rico y sublime entre los humildes y desechados que entre los grandes y gloriosos. De esto, el bastardo Jonás no sacaba ninguna consecuencia moral, naturalmente, ya que su alma estética se lo impedía. En todo caso, se corroboraba en su reciente descubrimiento de que la vida es siempre irónica, se burla y nos burla.

Si Blas quedaba frente a Jonás el bastardo, en una de las mesas de juego, el muchacho observaba la transfiguración heroica, abierta y duradera que el amor de una mujer fea había obrado en el ordenanza militar. «Lo que importa del amor de una mujer no es la mujer, sino el amor», anotaba Jonás. Y sufría en silencio al ver cómo los capitancitos humillaban a Blas mandándole a por tabaco o licor/café. Pero Blas, feo, mutilado y viejo, como adivinándole los pensamientos a Jonás, le sonreía por encima de los naipes.

El año en que la ciudad estuvo sin tiempo, el año que no ocurrió, el año en que el cadete Pencos paró a tiros el reloj de la catedral, y con él todos los relojes de la ciudad, la tía Algadefina vivía su idilio ecuestre con el citado cadete, pero todas las noches se le metía un hombre en la cama: un hombre hecho, barbado, follador y eficaz, que olía a la casa y a la familia. El tatarabuelo don Hernán Hernández.

¿Pero no estaba don Hernán muerto y embalsamado en la catedral, ya por entonces? Tía Algadefina no lo recordaba bien, pero, en todo caso, recibía al visitante nocturno como algo deseado y esperado, con la misma paz y felicidad con que se espera siempre el incesto. Don Hernán o no don Hernán, lo cierto era que se trataba de un macho del clan, y esto le bastaba a tía Algadefina para entregarle su adolescencia, su virginidad y el doble corazón que latía en sus dos pechos.

Jonás el bastardo, de haber conocido los hechos (que no los conoció nunca), habría calificado el fenómeno, con su pedantería habitual, como «endogamia recurrente», fenómeno que, con ese nombre u otros, se da en todas las familias, incluso las primitivas, si no es (lo más probable) el origen de ellas.

Tía Algadefina vivía su sexualidad nocturna al margen de su juvenilidad diurna, y a veces, en la mesa, en la larga mesa de la gran familia, daba repaso a todos los rostros masculinos, por intuir quién era su compañero de oscuridad y placer.

Nunca llegó a una conclusión definitiva. En tanto, seguía dando paseos a caballo con el cadete Pencos, montada de piernas abiertas, y procuraba no repetir los episodios genitivos del abandonado cementerio, ya que la hembra se suele monoándrica y a tía Algadefina le bastaba con sus éxtasis nocturnos, o éstos hacían intolerable cualquier otro. Por aquellos días se anunció la visita del Rey Don Alfonso XIII a la ciudad, y todas las mujeres renovaron sus pamelas. Incluso tía Algadefina.

El Rey llegó de uniforme, todo de amarillos y verdes, todo de rojos y carmesíes, tal como le había pintado Sorolla en el Retiro de Madrid. El Rey llegó mosquetero y sonriente, delgado y enmujerado, eso se notaba en seguida. Hubo desfile por el paseo de Espronceda, fragor popular, carrozas y tísicos tras la real figura, baile en Capitanía y baile en la Academia de Caballería (con monumento minucioso, pastelero y valenciano, de Benlliure, a la entrada).

El Rey Don Alfonso XIII había de reparar en aquella morena clara que era tía Algadefina, en la gracia descuidada de su pamela, en la anchura y profundidad de sus ojos. Bailó con ella y luego la sacó a pasear en solitario por los jardines de la Academia.

Se murmuraba en el salón de baile y el cadete

Pencos era el viudo anticipado de una santa que se había llevado nada menos que el Rey. Mientras el Rey y tía Algadefina hacían penumbra, se reanudó el baile en la Academia, en los salones (no era tiempo de bailar en el jardín), y las parejas, más que murmurarse amores, murmuraban de la oscuridad, la fronda y el misterio del Monarca y su novia, no más que una niña hidalga y provinciana. Qué locura.

Era la consigna escandalosa que corría en todas las bocas, lenguas anabolenas y labios de as de picas:

—¡Qué locura...! ¡Qué gran locura!

¿Se había consumado la locura? El Rey y tía Algadefina tardaron mucho en volver de la espesura, las estrellas y la noche. Luego, él volvía a ser el Rey y ella una sencilla hidalga provinciana, perdidos cada uno en su círculo.

Pero al día siguiente, en la ciudad, no se hablaba de otra cosa. El cadete Pencos se había hecho arrestar, entre otros muchos delitos, por cornudo.

LAS *BODAS* de Luis Alonso tenían un empuje dominical e inútilmente heroico. El *Bolero* de Ravel tenía un hechizo fácil, obsesivo e insistente. La *Danza del Fuego*, de don Manuel de Falla, tenía una voluta apasionada y española. *En las estepas del Asia Central*, de Borodín o Borodino, tenía una extensión oriental, fría y exótica. *El Vuelo del Moscardón*, de Rimsky-Korsakof, tenía una gracia figurativa, visible y estival. El *Preludio de la Revoltosa* y el *Preludio de la Verbena de la Paloma* tenían un revuelo madrileño y misterioso que fascinaba al personal. La *Quinta Sinfonía* de Beethoven les hacía a todos más dignos, más cultos, más fuertes. Solía ser la pieza final...

La Orquesta Sinfónica local, bajo la dirección del maestro Lasheras, y la Banda Municipal, se alternaban en el templete de los domingos por la mañana, en el Parque Grande, para llenar de música y espiritualidad el alma dominical del público. Los pavos reales escribían su grito feo en el aire de la mañana, grito que desmentía toda su belleza de aves del paraíso, haciendo de ellos un príncipe tartamudo, y el cisne se deslizaba por el lago, «deidad de la corriente», había escrito el poeta local, silencioso y unánime consigo mismo.

Las viejas pensionistas, las señoras que vivían de cortar el papel de viudas, y los jóvenes enamorados, las parejas en busca de un paraíso que no fuera el sexo, se sentaban en las sillas de tijera que ponía el Ayuntamiento, sillas de madera o de hierro, según, todas a cincuenta céntimos.

Los conciertos solían empezar con la Banda de música, y luego había una segunda parte, más solemne y exquisita, más de chaqué, a cargo de la Orquesta Sinfónica. El público rotatorio, más peripatético o menos filarmónico, paseaba en torno del semicírculo de sillas, que a su vez hacía semicírculo al templete de la música, alta fábrica de hormigón y hierro pintado de verde. Digamos que el auditorio sedente iba allí a vivir en la música pasiones que ya no había en su vida, y el auditorio deambulante iba a encontrarse en crudo con todas las pasiones en toda su vigencia: intercambio de billetes amorosos, miradas, amistades y gran consumo de rosolíes. Había un clima de oblea y moscardón (Rimsky-Korsakof) en los domingos primaverales y estivales del Parque Grande.

Jonás el bastardo, de chico, se estaba en la cama los domingos por la mañana, dejando que tía Clara le hiciese las uñas y le recortase la cutícula, liberando las blancas y limpias medias lunas de las uñas. Las campanas tocaban a misa, una misa a la que no iba a ir casi nadie de la casa, y Jonás el bastardo encontraba como inútil y sobrante todo ese invento del cielo, pues que el cielo descendía a él cada domingo, cuando tía Clara le hacía las uñas con unas tijeritas y una palanganita de agua.

Era la tía/manicura, lo más parecido a la madre, la que iba tornando sus manos/garras de colegial peleón, con las uñas muy rotas, en finas manos casi de niña, largas, delgadas y perfumadas. Ya de mayor, Jonás, a veces, no tenía más que mirarse las uñas para llegar a la intuición de quién era su verdadera madre. Pero luego se le pasaba la intuición. Es lo que tienen las intuiciones: que duran poco.

Tía Clara había llevado a Jonás a los conciertos dominicales desde muy niño, y siguió llevándole de grande. Primero se daban una vuelta por el parque, echaban de comer a los patos y a los cisnes. Jonás, de pie, veía a tía Clara, arrodillada, doblada con los mil gráciles dobleces de las esbeltas, dando migas de barquillo a las aves, aunque lo que Jonás percibía era una perla de agua, cuajada por el sol de la mañana, que el pico del cisne otorgaba a las manos góticas de tía Clara.

Tía Clara con la gran pamela negra, el aro del brazo por encima del codo, el vestido/túnica, hasta los tobillos, los pliegues o plisados, verticales, la greguería de la banda al cuello, con borla cayendo hasta las piernas, la greguería de los bajos del vestido, triángulos negros, aros finos y enlazados, el abanico en la mano, las medias blancas, los zapatos blancos de tacón mediano, con tres listas de brillo. Tía Clara de melena corta, raya del pelo a la derecha, con las cejas largas, los ojos dramáticos, la nariz perfecta, la boca dibujada y los hombros desnudos. La tía Clara con la permanente y una onda artificial sobre la sien izquierda, como ensombreciendo su destino (que fue sombrío). La tía Clara a orillas del lago o del río, la tía Clara con sombrero de velito, ojos atlánticos, inmensos, oscuros, y el estampado a lunares de la época, la tía Clara con zapatos de pulsera y blusa cubista (fue de las primeras), la tía Clara sobre la caligrafía de los árboles y el Parque Grande, la tía Clara bajo los primeros soles del siglo, toda de blanco y pamela de gasa, la tía Clara en los inviernos solitarios del Parque, con inmensas pieles por los hombros, la tía Clara en los veraneos de la familia, con su cuerpo largo, clásico, solemne y medio desnudo, la tía Clara entre los abuelos Cayos y las abuelas Vicentas, de blanco estival contra un fondo de persianas con sol, donde dormía un verano antiguo como un león viejo, la tía Clara con los entallados y largos abrigos de la época, la tía Clara incardinada en el plateresco de San Gregorio, en el churrigueresco de la memoria, en el barroquismo del tiempo y la arquitectura (ella tan clásica).

Así la veía, la vivía, la recordaba Jonás el bastardo, así la escribía en su memorial familiar, así era su otra madre.

—¿Puedo acompañar un rato a la señorita Clara y a su bastardo?

Tía Clara y Jonás, con un libro amarillo en la mano, paseaban en torno de la gente que estaba en torno del templete y de la música. Tocaba un solo de flauta y el público todo, la mañana entera vivía aquel equilibrio musical, que fue cuando resonó la bofetada de tía Clara contra don Gonzalo Gonzalo, borracho ya a aquella hora, abusivo e insolente.

Las pamelas y los velitos y los bombines del público se volvieron hacia el incidente, mientras el solista de flauta, fiel a su oficio, ignorante de lo ocurrido o imperado por el director, seguía tocando. O quizá fuese un violín con *El Vuelo del Moscardón.*

La bofetada resultó como si tía Clara hubiese matado un moscardón estival de un manotazo, acabando así con moscardones, melodías, solistas, militares y korsakovs. Luego la gente volvió a lo suyo y don Gonzalo Gonzalo, tan alto, había desaparecido doblado entre los paseantes.

Tía Clara y Jonás el bastardo se alejaban lentamente, por senderos de grava que cruzaban los pavos reales, como gallinas del paraíso dominical, gallinas de lujo, e iban cogidos de la mano, y Jonás el bastardo advirtió en la mano enguantada de tía Clara una presión excesiva, una crispación de la mujer toda, que se fue relajando a medida que caminaban. «No hay duda, a don Gonzalo Gonzalo tengo que matarle por la espalda», se iba diciendo el bastardo.

CABALLOS en actitud suicida, jinetes con el rayo de la espada en la mano, nubes de moros, soldados y caballos, combates de África, el blanco batallón de los españoles (cualquier batallón) penetrando las oscuridades litográficas de la morisma, perros ladrando a la guerra, el ladrido mismo de la guerra, más poderoso que todo, ladrido sólo visual, expresado en cañones de ineficaz diseño y torpe fuego, el fondo de desierto y nubes rococó, con un rayo de luz enfocado hacia los españoles, todos los cuadros, todos los tapices, partidos siempre en dos, una zona de luz y otra de sombra, rara meteorología, el día claro iluminando al ejército, y las duplicadas sombras de África, la piel, la miseria, la noche de los infieles, más una nube negra encima, ensombreciendo a los moros. Jonás el bastardo descubrió un día que en los cuadros, en los tapices, en las fotos y los grabados de la Prensa, tenía mucho más misterio y riqueza la zona de sombra que la zona de luz (como en la vida), y así lo había visto el artista, o el simple fotógrafo. Por estas imágenes había ido viviendo Jonás la guerra de África, y el cambio estético había precedido en él al cambio ideológico (cosa que ya le pasaría siempre).

Cuando el frente moro de la batalla empezó a interesarle más que el frente español, con su heroísmo perpetuo y de lámina, como más rico tectónicamente, fue cuando empezó a pensar que los moros tenían razón.

Y por entonces llegaron los capitancitos a la casa y Jonás asistió a la transmutación de los mancebos blancos y flechados, ángeles a caballo (el caballo también solía ser un ángel), los mancebos de los tapices y las alfombras, en soldados levantiscos e insolentes, como don Gonzalo Gonzalo, en forajidos condecorados, en cobardes sostenidos sólo por sus medallas, en desflecadas humanidades como el novio de Delmirina, cómico, torcido y mendicante.

Jonás dedujo, y así lo anotó en su memorial, que la guerra se hace para darle tema a las tejedoras de tapices. Que seguramente todas las guerras y todos los tapices se han hecho siempre así.

(Jonás el bastardo había tenido siempre cuchara de plata, cuchara, tenedor y cuchillo de la cubertería de la familia, con el anagrama común grabado en el mango, y esto era lo que más le unía al clan, lo que más le integraba. La cuchara era grande y esbelta, pesada, con la pala ojival por el uso (varias generaciones habían tomado la sopa con ella), y toda la plata de la cubertería era densa, con el brillo ya opaco de años, con el tacto casi humano que van teniendo las cosas muy usadas. La cuchara de plata era el cetro que redimía un poco a Jonás de su bastardismo.)

Capitanes de humo y espuelas, capitanes de litografía, capitanes de tapiz, héroes de tabaco y coñac, héroes de papel; la guerra, que sólo había sido una cosa decorativa y remota en la casa, como una escena de caza renacentista, era ahora una realidad invasiva y violenta, caliente y macho, era la insolencia de don Gonzalo Gonzalo, la muerte sin grandeza, consuetudinaria, de Íñigo, el amante de la prima Marta, el bufonismo involuntario de Blas, el novio de Delmirina, más la tertulia permanente, coñac y naipes, humo y voces, que convertía el palacete en un cuarto de banderas.

Tía Clara parecía más dada a intelectuales, pero tía Algadefina o la prima Marta, como todas las demás, se habían dejado envolver en el tornado alegre y rudo de los guerreros. Jonás pensaba a veces que sólo tía Clara y él establecían la diferencia entre la guerra de los tapices y la guerra en casa, y esto le identificaba más con ella y le hacía elegirla por madre, una temporada.

En todo caso, ella estaba estigmatizada como tal madre del bastardo, según el incidente con don Gonzalo Gonzalo en el sitio de la música.

Con la llegada de los capitancitos se había producido en la ciudad y en la casa el oscurecimiento, o mejor el empalidecimiento de los cadetes. Jonás no recordaba si había anotado ya esto en su memorial, y repasaba páginas para cerciorarse. En cualquier caso, tampoco le parecía mal repetirlo: los cadetes de la Academia de Caballería habían sido épicos en la ciudad hasta que aparecieron los épicos de verdad, los héroes, los guerreros, los heridos, y las mujeres se dedicaron a éstos, «con esa aproximación de las mujeres al vencedor», como dijera alguien, aunque el vencedor sea perdedor. Dentro del palacete de los Hernández se reprodujo el fenómeno social en miniatura. Los cadetes, aquellos guerreros en maqueta, se replegaron a un segundo plano, o desaparecieron completamente, u optaron, los menos, por el enfrentamiento directo y la exacerbación de su estatus, de modo que paseaban insignias y espadas, bigotes rubios y brillos, por la calle de Santiago, en claro y dominical desafío a los africanistas, de quien Pencos dijo una vez, en casa de los Hernández, que no eran militares de formación, sino improvisados, forajidos, aventureros. Y se lo dijo, naturalmente, a la tía Algadefina.

Pero la tensión y la pugna entre cadetes y africanistas era cada día más visible y peligrosa en las mañanas del bar Cantábrico, en la calle de Santiago, en los soportales de la plaza Mayor, en las casas que recibían a unos y otros, o a unos o a otros, pues había familias bien que se decantaban por los cadetes, por *un* cadete ya comprometido en matrimonio con la niña, y otras familias que lo hacían por los guerreros (patriotismo, gusto de la novedad, fascinación, etc.). La casa de los Hernández era de las pocas donde entraban unos y otros indiscriminadamente, pero mientras los africanistas convertían aquello en un campamento de guerra, como más o menos se ha descrito, los cadetes exageraban/estilizaban su posible dandismo militar, su condición estudiosa y galante, su entender la guerra como un álgebra más que como un aroma muerto y vivo de hombre herido y borracho, que era lo que iba llenando el palacete.

Lo que se iba viendo era que el duelo entre unos y otros estaba cada día más claro en aquella casa. Unos y otros se disputaban silenciosamente las mujeres y la gloria.

A LAS REUNIONES de la bisabuela Leonisa acudían, entre otras gentes que ya se han reseñado, don Lupicinio y señora. Don Lupicinio era el boticario de la vecindad, de menos prestigio hipocrático que don Martín Bellogín, quien ostentaba la farmacia más antigua y más moderna de la ciudad, farmacia a la que una o dos veces por era acudía Jonás el bastardo, según se ha reseñado asimismo, o sea, el intemporal Jonás, siempre de madrugada, para recoger el vaso con tapa de papel rizado, la cicuta final, aquella cosa siempre distinta y siempre letal que el médico recetaba al moribundo de la familia como último gesto o rúbrica de la ciencia suicidándose a sí misma, en un implícito «esto le mata o le salva» que el doctor parecía corroborar con la energía de su firma en la receta.

Así como la farmacia de don Martín Bellogín era amplia, de caobas profundas, de reboticas sucesivas y adivinadas, que iban donando al visitante cada una su perfume, como una sucesión de jardines, la farmacia de barrio de don Lupicinio, también antigua, era pequeña y alta, sin apenas fondo, sin otro prestigio que sus tarros, potes, porcelanas e inscripciones en un azul ceregumil sobre blanco.

Jonás el bastardo, cuando más chico, gustaba a veces de infiltrarse en las reuniones de bisabuela Leonisa, en aquel senil sarao de tés, rosolíes, pastitas, mistelas, bocios, años, siglos y conversaciones. Generalmente, bisabuela Leonisa llamaba a Jonás para que le hiciese algún servicio, como alcanzarle el álbum de la guerra de Cuba o ir a la despensa a por otra botella de mistela, aunque allí estaban la Ino, la Ubalda y la Pilar, atendiendo al concilio.

Quizá a bisabuela Leonisa, por alguna razón que ni ella misma entendía, le gustaba presumir de bastardo en su mortecino sarao, como en las Cortes se presumía de bufón. Pero Jonás aprovechaba para quedarse tirado en el suelo, entre almohadones, hojeando alguno de los tronzados álbumes, y así escuchó y aprendió muchas historias, como la de la señora del bocio que, estéril como era, parió un enorme insecto que voló y se quedó pegado, vertical, contra una pared, hasta que lo mataron a tiros y echó mucha sangre, la sangre del parto, quizá. (Esta historia aún estremecía a Jonás cada vez que la recordaba.) Pero sobre todo aprendió la historia de don Lupicinio y su señora, que tenían una única hija monja e iban todos los domingos por la tarde a verla, cerrando la farmacia. La señora caminaba delante (iban siempre por la acera de sombra, el sol no es bueno a nuestra edad, decía la ciencia de don Lupicinio, el sol es para los jóvenes), la señora caminaba rezando ostensiblemente el rosario, casi rezándolo para los demás, aunque las calles estaban vacías en aquella primera hora de la tarde dominical.

Don Lupicinio iba detrás, un poco encorvado —tenía el pelo blanco y el bigote negro—, murmurando cosas que no eran oraciones y que quizá ni él mismo entendía. En el convento, hablaban con la hija a través de un espesor de alambradas y cuarterones, más los velos negros que cubrían la cabeza y el rostro de la enclaustrada. Los años iban pasando y a la monja le cambiaba la voz, pero sus padres se la imaginaban siempre tan niña y límpida como cuando se retiró del siglo, sin saber lo que era el siglo.

Don Lupicinio y señora le habían dado una gran dote a la hija, o sea al convento, cuando profesó (las farmacias dejan mucho), y en el testamento conjunto se lo otorgaban todo a las santas madres, aparte los dineros, limosnas, joyas piadosas, cristos de plata, vírgenes de oro que le llevaban cada domingo a su hija, y que ésta no tocaba con sus santas manos, sino que todo lo recogía la hermana tornera. Un domingo por la noche, después de la visita al convento, y ya el matrimonio en la cama, don Lupicinio, que tomaba muchas yerbas para dormir y por lo tanto no dormía, se entretuvo en evocar la imagen no vista de la hija, y sobre todo su voz, que era lo único que les llegaba de ella. Entonces comprendió que, con los años, a la niña le había cambiado mucho la voz, y de pronto sospechó lo que llevaba meses sospechando, sin saber que lo sospechaba: que le estaban suplantando a su hija. Que quizá su hija había muerto o estaba enferma, o enterrada ya bajo una losa cualquiera del convento.

No le dijo nada a su señora por no despertarla,

pero al día siguiente tampoco se lo dijo, ni nunca, y siguieron haciendo la peregrinación dominical al convento, aunque don Lupicinio se sentía interiormente retraído, distanciado, tanto en el trayecto como durante la visita, y sólo se afinaba y afanaba por distinguir la nota infantil de la voz de su niña en las palabras, siempre repetidas, de aquella sombra que les hablaba desde la sombra.

No, no encontraba la nota. Quizá la niña ha muerto y las monjas la han suplantado para no perder nuestros regalos dominicales, nuestras cuantiosas limosnas y, sobre todo, la herencia que un día dejaremos al convento, y que bien podríamos enmendar o retirar del testamento, desaparecida la hija. Pero aquellas visitas dominicales eran la única salida semanal de la señora del boticario, y la hija que estaba en el convento ganando el cielo para los tres, única luz sombría de su vida. Una vida de enferma que sólo aguantaba aún por vivir precisamente en una farmacia (tenían la casa en el piso de arriba), siempre atendida de plantas medicinales y fórmulas magistrales por el marido.

De modo que don Lupicinio siguió llevando adelante la farsa, pues ya estaba convencido de que aquello era una farsa. En todo caso, si la niña ha muerto estará en el cielo haciendo más por nosotros de lo que pudiera hacer en el convento. Cómo matar a la pobre Virtudes con la verdad. Y para qué.

—Lupicinio.

—Dime, Virtudes.

—No consigo dormirme.

—En seguida te traigo otro vaso de yerba. Me pongo el albornoz y bajo a la tienda.

—No es eso, Lupicinio.

Y doña Virtudes le contó a su marido todo lo que pensaba. Era la noche del domingo y por la tarde habían estado en el convento. Es una cosa horrible, Lupicinio, casi no me atrevo a decírtelo. Pero él ya había comprendido la cosa horrible. Es sobre nuestra hija, ¿verdad? Sí, Lupicinio, a una madre no se la puede engañar: desde hace meses vengo notando que la que nos recibe es otra. Al principio pensé que Electita, la niña, estaba enferma y no querían alarmarnos. Cada domingo acudo al convento con la esperanza de recibir y reconocer otra vez el olor y la voz de mi hija. Esa mujer que nos habla no es Electita, Lupicinio, ¿tú no has notado nada? Hace meses que vengo pensando lo mismo, Virtudes, hija, y no te he dicho nada por tu corazón delicado. Por otra parte, tengo remordimientos y siento si no será todo una treta del demonio, que siempre vigila, para apartarnos de nuestra santa niña. Pero todos los domingos, después de la visita, me paso la noche en vela, bebiendo valeriana y atormentándome.

Se quedaron rígidos en el lecho, como dos estatuas yacentes, y la sombra inmediata y distante de la clausura, el bulto negro de voz neutra, se erguía entre los dos como la sombra del alto aparador contra la pared, a la luz de la lamparilla de noche.

Decidieron tomar medidas, le dijeron a la superiora que querían un poco más de tiempo para hablar con su hija, le hicieron a la sombra preguntas de la infancia, de la familia, trataron de provocarle recuerdos, nombres, lugares. Todo eso es de vuestro mundo, no del mío, respondía la voz neutra y casi macho. Aquella mujer no sabía nada del pasado de Electita. Don Lupicinio, atormentando su sombrero entre las manos (nunca se lo ponía), pensó en hablar con la superiora, pero tuvo poco valor y su mujer tuvo mucha prudencia. No tenemos por qué enfrentarnos a ella, Lupicinio, también a ti te puede dar algo, a pesar de las pastillas de la tienda. No volvemos por allí, rectificamos el testamento en el notario, retiramos la manda a las monjas y rezamos por nuestra hija.

Así lo hicieron, y la superiora nunca les reclamó, prueba evidente de su culpabilidad. Pero pasaban las noches en claro, con la lamparilla encendida, rezando por la hija muerta, desaparecida, quién sabe (si hubiese estado sólo enferma se lo habrían dicho), enterrada en el rincón más frío del claustro, y viendo en la sombra de los muebles la sombra alta, densa y parlante de la impostora. Lo peor de todo es que los domingos por la tarde no tenían adónde ir, no sabían qué hacer. Doña Virtudes se quedaba en cama, drogándose de valeriana, como los gatos, y don Lupicinio se bajaba a la farmacia, a puerta cerrada, y se inventaba fórmulas magistrales en el matraz, fórmulas sobre las que siempre caían unas lágrimas amargas y seniles. Ésta era la historia que más gustaba en el sarao de bisabuela Leonisa, que obligaba al matrimonio a repetirla todas las semanas, pues siempre había alguna visita nueva que no la conocía, y quienes la conocían estaban deseando volver a escucharla. Es mejor que una novela, pensaba Jonás, y lamentaba que no le cupiese en el memorial familiar. Quizá algún día la escribiría aparte. Después del relato a dúo, bisabuela Leonisa reinaba más en el opaco sarao, orgullosa de haber conseguido una buena tarde para sus visitas. Con el sentido estético innato en la familia, disfrutaba el efecto más de lo que lamentaba el caso. Y ordenaba mistela para todos.

La tos de tía Algadefina. Porque tía Algadefina tenía tos. Una tos casi alegre en la mañana, como el cascabel de su juvenilidad. Una tos ligera, como de haberse tragado la primera espina de ese pescado fresco que es siempre el nuevo día.

Tos de la tarde, cuando estaba en el patio, leyendo bajo el magnolio, tos ligera, quebradiza y fútil, sólo agravada por las ojeras que el crepúsculo le ponía a la hora. Tos de la noche, tos que Jonás le escuchaba a tía Algadefina, por los hondos corredores de la casa, cuando ella venía de la noche carnavalesca, con esa cosa de carnaval tedioso y repetido que tienen todas las noches vividas fuera. Jonás oía pasos de mujer por las escaleras y los pasillos, y así aprendió que todos los tacones de todas las mujeres suenan lo mismo.

A tía Algadefina la distinguía por la tos. Si había una tos ahogada en los corredores, esa tos pequeña que se echa en el cucurucho del puño, es que había vuelto tía Algadefina, y Jonás ya se dormía como más tranquilo, sin saber por qué.

La tos de la tía Algadefina, pespunte tenue de su vida, puntos suspensivos de su raudo vivir, un encanto añadido (el encanto de la fragilidad) a su encantadora y encantante persona. Encantatriz, eso es lo que era.

Ella era la arpista de su tos y a veces ponía una tos irónica, como cuando se le iba a suicidar el cadete Pencos, o una tos lírica, cuando estaba hablando por la reja con un hombre que le gustaba. La reja o la cancela.

La tos de la tía Algadefina.

La Poti era vecina y amiga de la casa, hija única de un matrimonio mayor, estudiante de piano y solterona precoz, solterona desde los catorce o así, quiere decirse. La Poti tenía el ser moreno, los ojos profundos y sin encanto, el bigote sudado, el alma corpulenta y asexuada, la estatura grande y los ocios tristes.

La Poti pasaba mucho a casa de los Hernández y se la invitaba, mayormente, porque era la que mejor tocaba el piano en los bailes con los cadetes y los capitancitos de África (cuando empezaron las tiranteces entre unos y otros, hubo que dar unos bailes para los cadetes y otros para los guerreros). La Poti, que había llenado el barrio con sus primores de *La Leyenda del Beso*, a balcón abierto, se quedaba siempre sin novio, pues que su novio era el piano, aunque quizá fuese que la mujer hombruna no mueve al hombre, héroe invicto o no, o que, como ya se ha dicho, la Poti era solterona precoz desde los catorce.

Hasta que apareció Nicomedes, el viejo Nicomedes, brigada entrado en años y arrobas, un retardado de las derrotas de África, un cincuentón con la cabeza grande y rizada en plata, la estatura hermosa, el vientre de cardenal pagano, las manos de agricultor curtidas por la pólvora y la sangre, y la parla casi poética de un Garcilaso de esta nueva guerra española.

Nicomedes vino después que los otros, pero intacto, cantando y contando que las balas no tocaban a los brigadas. En los bailes de los capitancitos, fue el único en reparar en la Poti, en que la Poti sólo tocaba el piano, a sus dieciocho años, y nunca salía a bailar. Nicomedes puso a Delmirina al piano y tomó del talle y de una mano a la hembraza Poti, valsando con ella, entrando incluso en el trote del fox/trot y la polka y el jazzband. Pero la Poti era decente, como toda hija única, o era única, como toda hija decente, y Nicomedes no consiguió pasar sus grandes manos campesinas y guerreras más allá de los contactos furtivos del baile.

Sin embargo, se miraban a los ojos mientras Delmirina enloquecía la música, a cuatro manos con su lisiado Blas, y ella tenía los ojos negros, grandes y feos, y él tenía los ojos pequeños, claros y llenos de mirada, de toda la mirada que le faltaba a ella. La

Poti, la pianista, parece que se enamoró, corazón adentro, de su galán/brigada/bailarín, y hasta le invitó a su casa, con sus papás, donde daba recitales de piano, de Chueca y Vives para arriba. El brigada Nicomedes le llevaba a la niña como medio siglo de calendario y un siglo de biografía, pero esto no era un muro entre ellos, sino un bosque en el que ambos querían profundizar. Los hombres de África es que estaban haciendo estragos.

Resultó que Nicomedes, el brigada, también sabía tocar el piano a cuatro manos, con lo que subía todas las tardes a casa de la Poti, para torturar un poco a Soutullo y Vert.

Pero la Poti era casta, honesta, limpia, buena, frígida y muy cristiana. Todo se limitaba a un leve roce de dedos sobre el teclado. Luego, por las noches, en casa de los Hernández, el brigada Nicomedes se permitía más libertades con la joven del bigote: bailes, contactos furtivos, tocamientos secretos y ninguna acción deshonesta, el placer de tocar a cuatro manos una pieza de jazzband, aprendida en la gramola, enloqueciendo de velocidad y música a todos los bailarines y bailarinas. Con los padres de la Poti, circunspectos y asténicos, Nicomedes se entendía casi mejor que con la niña (eran de la misma edad), les contaba la guerra de África, siempre desde el punto de vista nacional, que es como debe de verla un brigada, y aquellos señores no encontraban nada malo en la amistad Poti/Nicomedes, ni nada malo había, así que el idilio de piano duró meses y *La Leyenda del Beso* la tenían ya tan agotada que sólo se estaba esperando el beso.

¿Hubo o no hubo beso?

El brigada Nicomedes visitaba a la Poti en su piso principal, en presencia de los papás, ella les deleitaba con Soutullo y Vert y luego salían a pasear los cuatro, si hacía buena tarde. La madre de la Poti encontraba a aquel brigada como un poco demasiado mayor para novio de su niña, aunque la verdad es que tampoco iban de novios, sino que el viejo y heroico brigada rendía a la señorita un tributo que era como ponerle toda la gloria de la guerra a sus pies, cual si ella fuere una alegoría de la Patria (las mujeres son muy alegóricas).

El padre de la Poti, un señor delgadito y color cartón, que fumaba puros priápicos, tampoco acababa de encontrar mal la relación, ya que el brigada era más o menos de su edad y tenían mucho de qué hablar entre los dos. Se iban los cuatro a pasear a la orilla del río y las dos mujeres caminaban delante y los dos hombres detrás, hablando de la guerra. El padre de la Poti, que era un solitario forzado, porque su señora le ataba corto, había encontrado un amigo y estaba contento. Con quien en realidad salía el brigada Nicomedes era con un señor delgado que fumaba puros. Salvo las fiestas en el palacete de los Hernández, donde la Poti y el brigada tocaban a cuatro manos, de pronto entrelazadas como una enramada bajo el viento de la música, la relación era familiar, amistosa, casta, limpia.

A los cinco meses, la Poti quedó empreñada.

(Tía Clara siempre de blanco, monja pagana en la monjía de lo blanco, adolescente entre la melena corta y el abanico, siempre zapatos blancos, «calzada de jazmín bailable», tía Clara de sombrero, velito pueril sobre los ojos dramáticos, perfil purísimo y estampado de un verano a lunares desiguales, blancos y negros, tía Clara como disfrazada de espía de la guerra del 14, con la boina hacia la derecha, las cinco ondas del pelo en la izquierda y las grandes pieles, que eran las que la hacían más princesa de los Ursinos y más Mata-Hari de provincias, la tía Clara con los brazos en alto, las manos cruzadas sobre la nuca, estival y actual, complicada siempre con el plateresco de los mejores rincones de la ciudad: Jonás el bastardo iba tomando instantáneas literarias de aquella amante/madre, en su memorial.)

Los padres de la Poti no se lo tomaron tan a mal como era de temer, y en seguida consultaron con tía Clara, que era el oráculo femenino del círculo, y tía Clara les dijo que aceptasen el niño, que no lo enviasen al orfanato, y cuando ellos le hablaron de casar a la Poti con el viejo brigada Nicomedes, que parecía lo decente, tía Clara, siempre con un libro de cubierta amarilla en el regazo, les dijo, triste y lejanamente, lo definitivo:

—El brigada estará ya en África, o de camino.

—No puede hacernos eso. Los brigadas no hacen esas cosas.

—Los brigadas y los hombres en general hacen de todo. Ahora mismo están haciendo la guerra, matando moros, que es peor que hacer un niño —dijo tía Clara, mientras pasaba páginas de su libro amarillo y francés, como tratando de reanudar la lectura y despedirles. A la Poti la retuvo un momento a su lado, bajo el magnolio del patio, donde tía Clara se sentaba a leer:

—El niño es tuyo, hija, tienes que parirlo. No lo envíes al hospicio. Cuídalo y quiérelo. Mañana, quizá, no tendrás otra cosa en la vida. Un niño es mejor que Soutullo y Vert.

Y la Poti se echaba a llorar en el regazo de tía Clara, como si fuese su verdadera madre, aunque sólo le llevaba a la pianista tres años. El magnolio, triunfal de magnolias, era como un convento loco al que las monjas blancas de la flor y el fruto se asomaban entre las hojas y las ramas. Un convento sexual, priápico, virginal, pagano y santificado por su propio olor.

Efectivamente, el brigada Nicomedes, de cabeza rizada y manos labriegas, que habían cosechado sangre en África, el brigada Nicomedes, medio siglo de sexo, vida y vino, una humanidad ancha y modestamente inmortal, estaba de vuelta en la guerra por orden del mando superior, según revelaron las investigaciones. La Poti, la pianista, quedó *pregnada* para siempre por el olor macho y vegetal que desteñía de su maduro amante. Durante la preñez, apretaba la tripa contra el piano para poder tocar, en los bailes de los Hernández, el vals, el jazzband y el fox/trot. Al niño le puso Manuel, en memoria de Falla, y quizá con los años acabó monja, aunque esto no consta en el memorial de Jonás el bastardo.

ASCENSIÓN y Paquita, las hermanas, se pasaban, sí, la vida en el mirador, soñando unos novios/maridos traspasantes e inconsútiles, un noviazgo sin lujuria y un matrimonio sin penetración.

Afrodita Anadiomenes les hablaba de la verdad de la carne, pero ellas habían decidido que eso era cosa de criadas. Pero cuando los africanistas invadieron la casa, con su sangre, su violencia, su vino y su aroma macho, Ascensión y Paquita comprendieron que el mundo de los hombres no era para ellas: demasiado crudo y rudo, demasiado fuerte, demasiado «verdad». No había príncipes azules. El fulgor de África era un fulgor de sangre y semen, contra lo que habían soñado por las postales, y decidieron meterse de clausura, como la hija de don Lupicinio. Aquella historia del boticario les había empavorecido, en principio, pero luego decidieron, atraídas por la necrofilia y el misterio, que si una de ellas moría en clausura, la suplantaría la otra, puesto que eran una misma alma y casi un mismo cuerpo.

Así fue como las hermanas Ascensión y Paquita volaron del mirador a la clausura, sin pasar por el mundo. Sólo que a ellas nadie iba a verlas los domingos.

Sólo Jonás el bastardo se propuso visitarlas alguna vez (bisabuela Leonisa aportó poca dote al convento, porque ella era cristiana de Cristo, no de las monjas), ya que le atraía la historia del boticario y su hija, y pensaba, por otra parte, que el capítulo de las hermanas profesas era imprescindible en su memorial: quizá alguna de ellas llegase a priora.

Pero el tiempo iba pasando y nadie iba a visitar a las hermanas profesas, los domingos por la tarde. No es que Jonás temiese una suplantación como la sospechada por don Lupicinio y señora, ya que las hermanas tenían previsto suplantarse una a la otra, en caso de muerte o necesidad, y, por otra parte, a Jonás le daba igual. Era simple pereza y distancia de aquel mundo lejano y cercano del convento.

Los domingos por la tarde prefería quedarse haciendo versos, tocando el piano sin piano de Rubén, cuya música ejercía hasta agotarla, desde la mañana en que se la descubrieron Berta Singermann y tía/madre Algadefina.

MAÑANAS del bar Cantábrico. María Luisa y María Eugenia triunfaban una en el bar y la otra en el salón rojo. Se tenían repartido el campo. Noches del bar Cantábrico, campamento de espejos para los hombres de la guerra. Por aquellos años, el establecimiento vivía la duda nada metódica entre dos tiempos, entre dos épocas, entre dos estéticas. Eran las dudas de la Historia. Así, en el bar propiamente dicho se iniciaba un cubismo claro y matinal, frío y limpio, un geometrismo de columnas y luces, una cosa paralelepípeda y optimista que se llenaba de barroquismo y sangre con la invasión de los africanistas. El fragor visual de la guerra quedaba así estilizado por la imparcialidad esbelta de los espejos, estableciéndose una dialéctica de la Historia entre la estética de la guerra, que es siempre la misma, negra, roja y abultada, y la estética nacida de la guerra anterior, la Europea, la del 14: una euforia de sol en los cristales y un porvenirismo de luz blanca en la jarra de agua.

Los africanistas preferían el bar propiamente dicho al salón rojo, al cual se pasaba por un brevísimo pasillo, o quizá no lo preferían, sino que, sencillamente, habían acampado allí porque el salón rojo, rococó, art/decó, art/nouveau, modern/style, modernista, con sus grandes espejos ilustrados y ovales, con sus terciopelos de un paganismo cardenalicio, era el reino de los cadetes de la Academia, el mundo gentil y dandy en que habían reinado como principitos el cadete Pencos, novio de tía Algadefina, el cadete Íñigo, novio de la prima Marta, y todos los demás cadetes.

Pero la tensión entre los dos bandos, la eterna guerra civil española, el conflicto entre el bar y el salón rojo, se atirantaba cada día, como en el palacete de los Hernández, como en los paseos por la calle de Santiago, como en la ciudad toda. Era aquel primer cuarto de siglo en que dos mundos entraban en silenciosa y sangrienta colisión, y en medio de todo eso, tan universal, tan local y tan excitante, vivía toda la loca pandilla de las madres y las tías, de las amigas y las primas, de las señoritas de escasos medios y todas las señoritas de la ciudad. María Luisa era rubia, afrancesada, habladora, incluso parlera, sugestiva, agresiva y bienoliente. Pasaba por el palacete de los Hernández como un tornado de sexo y última moda, y se llevaba tras de sí a casi todas las mujeres de la casa, al Cantábrico, en los mediodías de vermut europeo y en las medias noches de champán francés que llegaba a la ciudad a cambio de las mulas neutrales con que España había contribuido a la victoria de Francia en la todavía reciente Grande Guerre.

A María Luisa, de alma respingona y cuerpo atrevido, le iban los audaces guerreros de África, los muertos en vida que todavía podían tener erecciones (ah las pétreas erecciones de muerto). A María Luisa le iba, aunque lo ignorase, el cubismo aplicado de los espejos y los mostradores. Y el último capitancito violado era siempre la pluma más brillante de su sombrero de plumas.

Las otras, las demás, tía Clara, tía Algadefina, la prima Marta, Delmirina, la Poti, todas, asistían, entre pasivas y coqueteantes, al juego de las protagonistas, María Luisa y María Eugenia, y pasaban indiscriminadamente de un salón al otro, poniendo paz en la guerra, flores en la sangre y bálsamo en las espadas.

Túnicas de dibujo circular y morado, un círculo que no era el occidental, el griego, sino el círculo moro, no exactamente circular, pero tan círculo como el otro, turbantes de un azul/amanecer, de un rosa/rubor, de un verde/cosecha, de un rojo que no era rojo, de un blanco que no era blanco, los colores, los colores de África, otros colores, ilegibles y fascinantes para la retina europea: ése era el tesoro que los capitancitos traían a las mujeres de España, el oro, el incienso y la mirra de su exotismo, la seducción de otro mundo, de un mundo *otro*.

La seducción. La Seducción. Jonás el bastardo escribió un capítulo reflexivo sobre esto. La seducción es más importante que la persuasión. Y más eficaz.

La seducción no es el amor, sino lo único que está por encima del amor. Los cadetes amaban y los africanistas *seducían*. Los cadetes llevaban las de perder. Y Jonás se proponía ser, en el futuro, un seductor, no en el sentido sexual de la palabra, sino en el sentido general de la personalidad que se estaba haciendo, o que se le estaba haciendo al margen de lo que él hacía. Entre la seducción y la razón, Jonás optó en seguida por la seducción. La razón es tiránica, despótica, dictatorial. La razón nunca tiene razón. La seducción no se propone nada, sino que seduce mediante la pasividad. Íñigo había seducido a la prima Marta. Blas había seducido a Delmirina. El brigada Nicomedes había seducido a la Poti. El cadete Pencos *no* había seducido a tía Algadefina. Había tratado de enamorarla. En cuanto a la literatura, Jonás anotó en su memorial: «El estilo es la seducción.» Le gustaba aquella idea que se le había ocurrido a él solo. Un filósofo, un narrador, un poeta, no basta con que tengan razón y escriban correctamente: han de ser seductores. Si bien se lee la historia de la literatura, del pensamiento a la lírica, sólo han quedado los seductores. Platón es un seductor. Y Shakespeare es un seductor. Y San Juan de la Cruz, y Proust, y Rubén Darío, sobre todo en la dicción de Berta Singermann, cuando aquella mañana, inolvidable y de oro joven, le llevara tía Algadefina a oír a la aeda. A partir de aquí, Jonás renunció a convencer con su escritura: prefería seducir. La seducción es más verdad que la convicción. Y de mejor gusto. «El estilo es la seducción», se decía. «Ya sé lo que tengo que hacer: no una prosa asertiva ni convincente, sino una prosa seductora, como la de D'Annunzio, por ejemplo.»

María Eugenia era bella y oval, serena y clásica, abundante y buena. María Eugenia le temía un poco al tropel sangriento y priápico de los capitancitos, y prefería estarse en el salón rojo con los cadetes, que eran «el hombre» de toda la vida, el posible novio formal, el amor romántico, amor de Parque Grande y pavo real, amor de amor, sin seducción ni nada. Amor y nada más, largo o corto, peçaminoso o puro. María Eugenia había tenido, tenía y seguiría teniendo amores con los cadetes de la Academia, mientras se iba quedando solterona, y era tanto su madre como su novia mientras hacían la carrera. María Eugenia tenía el pelo liso, con raya al medio, en bandós a lo Cleo de Merode (una moda ligeramente retrasada), los ojos dorados, la boca bella, los pechos saltones y el cuerpo alegórico. Al final de sus amores, ya en la madurez, cuando había sido la madrina honoraria e implícita de varias generaciones de futuros generales, se retiró al ancho huerto familiar, en la salida Sur de la ciudad, y allí cuidaba la verdura de las eras con los aparceros y llevaba su soltería definitiva con silencio, encanto y clara voz de otros veranos. Tenía la frente amplia y purísima, dorada en la madurez de soles suburbiales.

Las tiranteces entre el bar y el salón rojo, dentro del Cantábrico, eran irónicas y casi cordiales en las mañanas de vermut y hombres recién afeitados, pero eran atravesadas, palpitantes y peligrosas, con algo de inminencia, en las noches abrumadas de humo, rivalidad, violencia, conversaciones como hogueras y coñac.

Había un duelo tensando el aire quieto y rojo de la noche. Y el grito de María Luisa, grito de ave de corral de lujo, grito de gallina sexual y bellísima, grito de mujer/gallina (plumas del sombrero), que excitaba a todos y ponía las cosas peor.

El año en que no hubo tiempo, el año sin tiempo, quizá fue el mismo año en que el Rey Don Alfonso XIII visitó la ciudad. Meses más tarde de esta visita, tía Algadefina aparecía mínima y dulcemente embarazada. La tenue curva de su joven vientre era como la desviación caprichosa o casual de la mano de Botticelli sobre un desnudo femenino. Tía Algadefina, de este modo, podría haber disimulado muy bien su preñez bajo ropas holgadas, pero, al contrario de eso, se exhibía con túnicas ceñidas que hacían de ella la proa de la primavera.

Lenguas de la ciudad en torno al tema:

—Va a tener un hijo del Rey.

—Se dice que la llamarán a la Corte.

—Vaya usted a saber de quién, loca como es la de los Hernández.

—Así andan las Españas.

—Y usted que lo diga.

El hombre ignoto y familiar que se metía todas las noches en su cama, le había hecho un niño a tía Algadefina. Ella lo sabía y estaba entre satisfecha e indiferente. No le importaba tener el hijo, o perderlo. Tía Algadefina se dejaba llevar y traer por las luces del siglo. En cuanto a bisabuela Leonisa, ni siquiera reparó en la curva musical de aquel vientre joven. Pencos, el cadete Pencos, el novio de tía Algadefina, dejó de ir a buscarla a caballo. A bastante locura le había llevado ya la niña cuando disparó contra el reloj de la catedral y dejó a la ciudad sin tiempo, como esas ciudades que se quedan sin luz por unas horas.

Hasta que un asistente le llevó billete del cadete Pencos a tía Algadefina, en una mañana que podía ser de otoño retrasado o primavera anticipada, dado que aquel año no tuvo estaciones, o, al menos, no las tuvo claramente definidas. Ni estaciones ni témporas. La cita era en el templete de la música del Parque Grande, para el día siguiente a las nueve de la mañana. Es decir, una cita solitaria y trágica.

Tía Algadefina acudió con abrigo de gran cuello de piel (como llevar un león al cuello), pero abrigo abierto que dejaba claro el óvalo del vientre bajo la seda ceñida y blanca del vestido. Atravesó la ciudad a aquella hora desacostumbrada, entre horteras que abrían sus tiendas de salazones y vendedores de Prensa que abrían su quiosco (y cómo olía a urgencia la tinta de los periódicos recientes, aún en paquetes).

—Muy tempranera la señorita Algadefina.

—Y usted que lo diga, Macario.

—¿A misa de nueve la señorita Algadefina?

—Ya no sé si me queda tiempo para eso, señor Pantaleón.

El Parque Grande manifestaba en la mañana su condición de bosque sometido a la fuerza por la ciudad. Cuando la ciudad aún dormía, era más bosque que nunca. Un bosque con erizamientos de selva. El Parque Grande estaba frío, claro, alegre y melancólico, y sus verdes no eran los verdes del mediodía o de la tarde, ya municipalizados. Los cisnes dormían en su pequeña isla, en medio del lago, soñando sin duda que eran nieve, y los pájaros bordaban el sol en las ramas más altas de los árboles.

Tía Algadefina, caminando despacio por senderos de grava, llegó al templete de la música, armazón de cemento y hierro verde. De lejos vio que allí estaba el cadete, ni siquiera acodado o sentado en la barandilla, sino en pie, rígido, casi firmes, uniformado y tenso. Tía Algadefina subió despacio los cinco escalones del templete, con la cabeza baja, como la que sube al patíbulo.

—Perdona la hora, Algadefina, pero esto es urgente para mí. Para mi vida.

El cadete Pencos era lacónico y retórico al mismo tiempo.

—A veces gusta madrugar. Se siente una como que va al colegio.

—¿De quién es el niño?
—Eso no te lo puedo decir.
—Me has puesto en ridículo ante toda la ciudad y, sobre todo, ante la sagrada institución de mi Academia.
—¿Y por qué no piensan que el niño es tuyo?
—Saben que un caballero cadete no haría eso.
—Pues a punto estuviste.
—Necesito saber de quién es el niño.
—No puedo decírtelo. Jamás te lo diré ni se lo diré a nadie.
—Entonces, ciertas eran mis sospechas, y las sospechas de la ciudad. El niño es del Rey.
Y el cadete Pencos se cuadró un momento y casi saludó militarmente al nombrar al Monarca.
—Piensa lo que quieras. Siempre tuviste manías de grandeza, Pencos, hijo.
—Un militar al que ha deshonrado su propio Rey, no tiene más salida que suicidarse, para salvar su honor, ya que contra el Rey no cabe venganza.
Pencos eludía mirar para abajo, mirar el vientre de la muchacha, pero dijo:
—Al menos, podrías abrocharte el abrigo, ¿no?
—Abrochado se nota más.
—Eres mala, Algadefina. No eres buena. Me has llevado a profanar la catedral, la Iglesia, la religión, me has llevado a dejar esta ciudad sin tiempo y ahora me llevas al suicidio.
Y el cadete Pencos sacaba la pistola de su funda. Tía Algadefina le miraba los pelos del bigote y, en la clarividencia de la mañana, advertía que era un bigote más estropajo que rubio.
—Te he llamado para que asistas a mi suicidio.
Algadefina se dio la vuelta y bajó las escaleras del templete más de prisa que las había subido. Sabía que el cadete ya tenía la pistola en la sien. Algadefina se alejaba a buen paso, pero tranquila, por los senderos de grava. «La verdad es que todo esto no

me importa nada. Ese hombre se va a matar, pero yo nunca he querido a ese hombre. El madrugar le sirve a una, quizá, para descubrir que es una cínica. De un momento a otro voy a oír la detonación.» Iba saliendo hacia más claridad y mejor ciudad. Debían de ser como las nueve y media de la mañana. Miró su relojito de pulsera, olvidando por un momento que estaba parado, como todos los relojes. Habían concertado la cita por la intuición del tiempo. La gente vivió aquel año por la intuición del tiempo (tiempo que, por otra parte, no había). «De un momento a otro voy a oír la detonación, aunque ya estoy lejos.» La ciudad la recibía abierta en calles de luz. Y oyó la detonación.

INO, la Ino, la Inocencia, era la criada histórica de la casa. La Ino procedía de una leyenda de lobos y una épica de carabineros. El carabinero era su marido, con el que la Ino había corrido los montes y las sierras, echando hijos a las fieras, como en la alegoría de Ganivet, para salvar el resto de la familia.

Ino, la Ino, tuvo lo primero una niña rubia, la única, casi, que se le logró, una hija que de moza tenía mucho de pastora del marqués de Santillana. Mientras la Ino andaba a la leña o a dar de comer a los cerdos, el padre, el carabinero, bañaba a la chica en un gran balde de agua, y un día le surgió del balde una Venus Afrodita que el hombre poseyó en seguida, como surgida de la mar, y no del vientre de su esposa. Por un tiempo, el padre y la hija se amaron directamente, delante de la Ino. El carabinero, sencillamente, cambió de lecho, allá por las cumbres galaicas y dramáticas. Hasta que, una mañana, en lugar de la Ino amaneció el ángel del Paraíso, con espada de fuego, y les expulsó de la casa, choza o cueva. El Adán carabinero y la Eva/Venus se fueron monte adentro, con su amor, y entonces la Ino se vino a servir a casa de los Hernández.

Estas historias se las contaba la Ino a Jonás el bastardo, que era ya el único que las escuchaba en la casa, aunque se las sabía de memoria, como los demás. Y luego, Jonás las escribía a su manera en el memorial de la familia. Porque Ino era ya como de la familia. Ino, la Ino, era menuda, díptera, más amojamada que ajamonada, llevaba una permanente permanente y vestía siempre de lunarcitos, tanto en el uniforme de criada como de paisano, de modo que apenas se distinguía una cosa de la otra.

Quizá la Ino era una de las pocas personas en la casa que tenían el secreto de la bastardía de Jonás. Claro que la Ino nunca iba a contárselo a nadie, y menos al propio Jonás. Ino, los secretos, los llevaba adheridos a la piel de su alma como se lleva un lunar o una marca de nacimiento en la piel del cuerpo, de modo que uno llega a olvidarse de ello. Y a esto se debía el que la Ino fuese discreta, más que a la propia discreción. La Ino, a Jonás, siempre le había tratado con confianza y distancia, mediante esa superioridad de años e historia que tienen los viejos criados sobre los jóvenes, delfines o bastardos.

Melilla. Varias notas de actualidad. La presidenta y vocal de las escuelas del Buen Pastor se reúne con las obreras en la inauguración del curso. El fulgor de África era una aristócrata gorda, a lo doña Emilia Pardo Bazán, rodeada de una pirámide de jóvenes mesócratas blancas. El fulgor de África era el morabo de Abd-el-Kader y Ylali. El fulgor de África eran las alturas del monte Silaii, castillos moros, inmensas lajas de piedra y, sobre ellas, los soldados españoles sosteniendo una bandera, la bandera nacional.

Don Gonzalo Gonzalo había estado en todo aquello y lo contaba con frecuencia. El cadete Pencos, con el nerviosismo y la inexperiencia, se había saltado un ojo, el derecho, pero estaba vivo y con un parche elegante, dannunziano, casi dandy. Así se reunían tarde y noche en el bar Cantábrico, en el salón rojo, en el palacete de los Hernández, y otros palacetes de la ciudad, cadetes y africanistas. La guerra civil, la eterna guerra civil de España, estaba tirante entre ellos, más que nunca. Guerra por la gloria y por las mujeres, que son dos cosas que los españoles mezclan siempre. La tía Algadefina no necesitaba evitar al cadete tuerto, porque la evitaba él, pero le parecía ridículo que Pencos hubiese fallado el tiro quedándose tuerto. El embarazo, a la tía Algadefina, se le había deshecho solo, limpiamente, como se le hizo, una mañana en el baño. De madrugada jugaban a las cartas, el cadete Pencos, don Gonzalo Gonzalo, Blas, el brigada Nicomedes (antes del embarazo de la Poti y la huida de él a África), y todos los demás. ¿Es que aquellos hombres no iban a volver nunca a la guerra? Pencos había quedado inutilizado para la carrera, pero se había creado una especie de uniforme personal y heterodoxo, como Byron, con gorros, insignias de bisutería, chaquetas/guerrera, pantalones estrechos y botas de montar con espuelas de oro verdad, y no como las de la Academia, que eran de oro alemán. Las espuelas de Pencos, además, eran más grandes que las de reglamento. Se compró un caballo e iba de cadete apócrifo por la ciudad. Pero los caballos se le morían mucho y tuvo uno bayo y otro ruano.

Aquella noche, Pencos iba ganando la partida, «con esa suerte que los desgraciados en amores tienen en el juego», al decir de la Ino, y a quien le sacaba los duros era a don Gonzalo Gonzalo, que se resarcía con la broma y el golpe verbal:

—No me duelen los duros, cadete Pencos, o lo que sea usted. Me duele que un cornudo tuerto, cornudo de Su Majestad, me gane la partida.

Pencos se puso en pie y dio una patada a la mesa, volcando naipes, copas, duros y licores. Hubo silencio y drama. Un silencio que era más bien una crispación del tiempo.

—Es usted un infame y un asalariado de la guerra. Es usted un aventurero a sueldo, don Gonzalo, y yo soy un caballero.

Don Gonzalo Gonzalo seguía sentado, fumando su caliqueño y mirando a Pencos a través del humo. En realidad era lo que quería: cortar la partida, provocar al cadete por tantas razones oscuras; el guerracivilismo entre unos y otros, el noviazgo (acabado) de Pencos con la adorable Algadefina, etc.

—Usted es un tuerto de mierda, un soldado al que han echado del oficio y que, para un tiro que ha pegado en la vida, lo ha pegado mal. Usted es un abandonado de la novia y de la Academia. Usted no existe, joven. La mayor hazaña de su vida fue dispararle a un reloj.

Todos rieron la salida. Un pájaro negro voló por sobre las cabezas, flechado, cortando las risas, y dio una bofetada blanda en el rostro congestivo, generalicio y macho de don Gonzalo. Era el guante negro, de cabritilla, del ex cadete Pencos. Quedaban retados a duelo. El latente duelo entre cadetes y capitancitos, que al fin se concretaba en los máximos antagonistas. «Sempiterno guerracivilismo de España», escribió Jonás en su memorial.

Una de las asiduas a los lúgubres saraos de bisabuela Leonisa era Marcela, la señora con bocio.

Marcela y su bocio. Todo el mundo había visto

crecer el bocio con los años, con los siglos. El bocio era ya, en Marcela, como el soporte digno, la gola natural donde se asentaba su barbilla y toda su cabeza. Eran Marcela y su bocio. Marcela, sin bocio, hubiera quedado impersonal, vulgar, desconocida. El bocio creciente de Marcela, como una luna de carne blanca, era lo que le daba entidad a Marcela, una señora entre las señoras. Marcela iba con su bocio a todas partes, como otras van con un perrito o con una piel al cuello.

Un defecto físico puede definir una personalidad. O una personalidad puede engendrarse a partir de un defecto físico. Marcela contaba muchas historias, y era como si todas le saliesen del buche monstruoso, de aquella alcancía verbal.

El bocio de Marcela iba creciendo por días o por años, y Marcela era ya como una boa, sólo que su cara no era nada serpentina. En los fúnebres saraos de bisabuela Leonisa se había aceptado la monstruosidad de Marcela como acaba siempre por aceptarse, y cotidianizarse, toda monstruosidad y toda belleza, incluso la más sublime (la belleza adquirida en matrimonio en seguida se vuelve cotidiana: quizá la quiebra del matrimonio esté en una pugna entre belleza y costumbre; la belleza aporta un elemento de sorpresa que, una vez asimilado, deja a la belleza sin su maravilloso «veneno»).

Marcela iba y venía por la ciudad, con su monedero/bocio de chismes sujeto entre la barbilla y el cuello, dilapidando en calderilla de murmuración todo lo que pasaba, por ejemplo, en casa de los Hernández: que el cadete Pencos, el que se saltó un ojo por cuernos del rey, se ha retado en duelo con don Gonzalo Gonzalo, el capitán más valiente de África.

Pero la figura, el fulgor de África era Franco, en seguida general, «el general más joven de Europa», el que mataba a un legionario por no tomarse la sopa y había escrito el *Diario de una bandera* y había difundido la consigna «Ni una misa, ni una mujer, ni una copa», consagrando los guerreros, íntegramente, a la causa de España, a la misión de matar moros. Franco, el comandantín, como todos los visionarios de vuelo corto, había extendido como doctrina y disciplina general sus meras peculiaridades personales. Éste suele ser el proceso mecánico de los dictadores. Los capitancitos hablaban de Franco entre la admiración, el respeto y el misterio. ¿Hasta dónde quería llegar aquel hombre con su crueldad y su hermetismo? Un primo de los Hernández, alto y mozo, llamado Martín, había sido arrastrado a África por Franco (eran compañeros de Academia), y, dada su gran estatura, los moros le cosecharon en seguida la cabeza. A Franco se conoce que las lanzas y las balas le pasaban por encima.

El duelo fue en el Parque Grande, en un amanecer indeciso. Acudieron muchas pamelas y sombreros, carruajes y gente a caballo (en el Parque aún no dejaban entrar los primeros automóviles). Sólo faltaron tía Clara, que repugnaba de todo aquello, y tía Algadefina, que al fin y al cabo era el objeto en juego de aquel duelo, cosa que la turbaba y aturdía. Pencos era un sandio y don Gonzalo Gonzalo era un presuntuoso.

Dos hombres que no le interesaban nada se iban a matar por ella. Tía Algadefina iba comprendiendo la fuerza irracional de las cosas y, quizá, el desorden bello y peligroso de su propia vida, brillante de día e incestuosa de noche, prisionera ya para siempre, y engrandecida, por el paso del Rey y la muerte de un hombre, o de los dos.

—Están todos locos, Jonás, hijo, y me van a volver loca.

Jonás madrugó al duelo porque quería enriquecer su memorial con una cosa así. (En realidad, tenía celos de aquellos dos seductores en potencia de sus madres, e iba a verles matarse mutuamente, a ser posible, pero esto ni él mismo lo sabía.)

María Eugenia, María Luisa, Delmirina, la prima Marta, cadetes y capitancitos (muy distanciados en un semicírculo de oro y otro de sangre: la sangre de la vanguardia y el oro de la retaguardia), todos bajo el sol blanco de la mañana, a la escasa sombra de los caballos, todos como un siglo antes, porque hay días que salen así: días de otro siglo. Los padrinos de Pencos eran, naturalmente, dos cadetes (aun cuando, como se ha dicho, Pencos estuviese expulsado de la Academia por su intento de suicidio y por su presunta cornamenta real). Los padrinos de don Gonzalo Gonzalo eran el tullido Blas (que no tenía categoría para tal, pero don Gonzalo lo había elegido porque jugaban de pareja en todas las timbas), y el brigada Nicomedes, que, por aquel tiempo, aún no había vuelto al fulgor de África, huyendo del embarazo de la Poti, pues que aún no había embarazo. Pero la Poti también estaba allí, con su ama, aña o aya.

Las mujeres, que tienen un fino instinto indumentario, ya consabido, conocían incluso cómo vestirse para un duelo, aun cuando nunca hubiesen asistido a ninguno, y estaban todas un poco antiguas, deliciosamente antiguas, como cuando se ponen un primoroso vestido de la abuela para una boda. Aquello, para ellas, era, sin duda, volver a los buenos tiempos. Asistían al duelo como a un duelo de teatro, como hubieran asistido al propio teatro, y la idea de la sangre sólo las estremecía un momento, íntimamente.

El Parque Grande estaba claro, espacioso y verde. Los cisnes habían iniciado ya su jornada de unanimidad y del lago venía un frescor de agua recién despierta que pasaba su filo por los cuellos desnudos de las damas como un sable, o como si el duelo fuese a ser a espada, pero iba a ser a pistola.

Y los padrinos repartieron las pistolas, reunieron a los rivales, les exhortaron con palabras y gestos (los gestos fueron lo único que le llegó a Jonás), y luego se retiraron a prudente distancia. El cadete Pencos, cadete o ex, lucía su uniforme byroniano y heterodoxo, y el parche del ojo ponía ya en su figura algo anticipadamente luctuoso. Parecía seguro, satisfecho de su indumentaria, que recogía toda la luz primera, y presuroso como si fuera a consumar, al fin, su frustrado suicidio. Pasaba una y otra vez su ojo izquierdo y loco entre las damas, como buscando a la imposible Algadefina.

Don Gonzalo Gonzalo, lento, socarrón, fumador y pesado, con el alma un poco fondona, a esa hora (había pasado la noche jugando a las cartas, bebiendo, contando batallas o en la cama de alguna meretriz), arrojó de pronto el puro, como de mala gana. Quizá algún padrino le había advertido de que no era correcto o reglamentario fumar en los duelos. Llevaba la guerrera abierta por arriba, con la camisa asomándole, y Blas el tullido se acercó a abrocharle todos los botones, pues que sin duda existe un protocolo del duelo, tanto para civiles como para militares, ya que el duelo es o era un acto social como un funeral o una boda. Un acto social donde se fingía la muerte como en las bodas se finge el amor.

Los duelistas pegaron sus espaldas, con las pistolas en alto. A Jonás le pareció por un momento que iban a iniciar una cruel cacería de cisnes en el lago. Y esta idea le hizo sonreír. Los duelistas se despegaron y fueron caminando, a largas y lentas zancadas reglamentarias, cada uno hacia su puesto. Esperaban la señal para disparar, simultánea o sucesivamente, esto Jonás no lo sabía. La gente parecía más tensa que ellos. Sin duda, eran dos valientes, pensó Jonás, pero tampoco sabía si esto del valor era una cosa positiva o negativa. Tenía sus dudas.

Los disparos se habían sucedido, instantáneos, con un sonido negro y casi simultáneo. Jonás comprendió que no sabía ver un duelo, que no sabía captar las cosas en el instante en que suceden, sino que lo suyo era reflexionar sobre lo sucedido. Un pavo real invisible, despertado sin duda por las detonaciones, lanzó su primer grito del día, un grito feo, corto y casi funeral. El ex cadete Pencos estaba muerto en el suelo.

Las damas se agruparon unas contra otras, sin distinción de preferencias entre los duelistas, como un papel estrujado, y los hombres acudieron al cuerpo caído, primero los padrinos y luego todos los demás. Jonás recordó que en estos duelos no solía morir nadie —eran a primera sangre—; ¿por qué había decidido él que Pencos estaba muerto? Quizá porque lo deseaba. Quizá porque le alegraba. Como le hubiese alegrado la muerte del otro. O de los dos.

Don Gonzalo Gonzalo, con el brazo caído y la pistola humeante, permanecía quieto en su sitio. Alguien le tomó el arma, y entonces él encendió, al fin, un largo cigarro puro, como dando el trabajo por concluido. Allí ya se podía fumar. Don Gonzalo, sin duda, era experto en muertos, y sabía que le había acertado a su rival en el corazón, como era su propósito. Por la actitud fumadora, entre aburrida y arrogante, de don Gonzalo, Jonás comprendió que sí, que Pencos estaba muerto. El pobre Pencos, el enamorado Pencos, el imbécil Pencos, el brillante Pencos, el suicida Pencos había consumado su suicidio. Quizá, sí, era eso lo que buscaba. Todos los pavos reales, despertados por el primero, llenaban el Parque Grande, y hasta el cielo, con su griterío pardo, sordo, torpe, breve y repetido. Los cisnes se deslizaban, como nubes de Ingres, por una lámina de cielo verde.

—Que don Gonzalo ha matado a Pencos en el duelo —le dijo Jonás a tía Algadefina.

—El muy imbécil es lo que andaba buscando —dijo ella, despectiva y hasta un poco cínica.

Y Jonás se quedó sin saber quién de ellos era el muy imbécil, si el vivo o el muerto.

LA INO era fiel, intemporal y díptera. La Ubalda era cambiante, temporal y albaricoqueácea. La Ubalda, más joven que la Ino, todavía con dengues, posturas y pretensiones de gustar, en su madura madurez, metía a toda su familia en la familia de los Hernández, montaba campamento, por temporadas, en las buhardas/mansardas de la casa, una tribu de hijos rubios, hijas feas y maridos que nunca eran el mismo.

Por entonces, los hermanos de Jonás, el torero y el otro, se habían ido de la casa. El torero estaba estudiando una carrera en alguna Universidad ignota, y el otro se había metido interno en un colegio de frailes. Jonás disponía para él solo de toda la habitación de los hermanos, decorada con laúdes y capotes rojos, como resaca que había dejado la huida de los legítimos. Él, el bastardo, como todos los bastardos, era más fiel a la familia. Y tenía ahora un cuarto para habitarlo, para leer, escribir y dibujar en él, para recibir a alguna de las hijas feas y adolescentes de la Ubalda (Jonás no sabía si era siempre la misma o su falo iba recorriendo toda la tribu femenina), o a Afrodita Anadiomenes. Afrodita Anadiomenes quedó preñada de todos los capitancitos de África e iba a tener, como ella misma decía, «un hijo de mil leches». Bisabuela Leonisa, enterada del caso (se enteraba más de los pecados del servicio que de los de sus hijas, como todas las bisabuelas, abuelas y madres), la expulsó de casa.

A Jonás también le gustaba subir a las buhardas de la Ubalda, paredañas de la de Afrodita, y dejarse invitar a vino negro y jamón de jabalí por aquella tribu de criados que le llamaban «el señorito Jonás» y ejercían un celestinazgo (los padres), cazurro o inconsciente, paseándole a las niñas desnudas por delante, mientras él estaba sentado en el suelo (no aceptaba el trono de sacos que le ofrecían), comiendo y bebiendo. Todas eran feas, pero todas eran rubias, y Jonás vivía ya la fascinación de lo rubio como sinónimo de lo femenino, fascinación que le duraría toda la vida. Lo que no conseguía Jonás era enterarse de quién era quién entre las chicas. Pero si a alguna la sentaba a su lado, en el suelo, y le daba a beber de su vaso, aquélla aparecía a la tarde siguiente en su cuarto de estudiante que no estudiaba nada, o que lo estudiaba todo: esa ingente y cruda asignatura de la vida.

El campamento de la Ubalda olía a humo y mujer dormida, a pobreza y mucha familia, a pan salvaje y queso cabrero. Jonás era consciente de su situación casi «feudal» en el mundo de la Ubalda, y esto le incomodaba un poco, aun cuando la plena conciencia «social» («la cuestión social», se decía entonces), aún no había madurado en él.

Del mundo rubio, sucio e indiscernible de la Ubalda, Jonás había deducido que la pobreza es una indeterminación, que la pobreza borra la personalidad e incluso la edad, que la pobreza es una patria inmensa y seca, como quizá sea otra patria la riqueza, y que todo depende de qué patria le toque a uno. O del cambiar de patria a tiempo.

El marido de la Ubalda era un haragán, un bigardo, un dulce bergante con hablares como extremeños o así, un camastrón, un piernas, un pardal tierno y ladino que todo el tiempo le ofrecía a Jonás más vino y más jamón de jabalí, levantándose ostentosamente de la silla de enea para acercarle las viandas al señorito. El marido de la Ubalda, que no tenía nombre («los papeles se perdieron y nunca tuve inventiva para inventarme otro»), era sólo el hombre de la Ubalda. El hombre de la Ubalda reinaba en aquel harén rubio y alegre, y Jonás pensó que el incesto es tan natural a las clases populares como lo fue a las tribus primitivas. «Lo que nos separa de los pobres es que ellos siguen viviendo en la verdad del origen, en el Génesis: el primer incesto está en Adán y Eva, ya que ella nació de él; el origen de la humanidad es confuso y por eso ni los Hernández son hidalgos ni la Ubalda es mendiga o criada», anotó en su memorial. Pero luego lo tachó, porque aquello anulaba toda la genealogía y la heráldica que estaba fabricando a su familia (en Jonás funcionaba ya la autocensura, uno de los signos celestiales —históricos— del escritor de raza: Sócrates se *censura* respecto de los presocráticos y Platón se censura/autocensura respecto de Sócrates).

A la tarde, una de las chicas rubias y turbias en la cama ancha, grande, matrimonial, del solitario Jonás. ¿Otra hermana o la misma de siempre? Jonás parafraseaba al poeta: todas las rosas son la misma rosa. Y la rosa rubia se iba, sonriente y discreta, dejando aquella habitación tan culta, donde se había estudiado tanto Derecho Romano, llena de olor a queso sexual y mujer/cebolla.

Afrodita Anadiomenes se presentó una tarde en el dormitorio/estudio de Jonás, vestida por primera vez. Era la suya una ropa antigua, estrecha y fea. Afrodita Anadiomenes quedaba entre institutriz y puta. Jonás recordó el juego con el pasado indumentario de las damas que se vestían para una fiesta o para un duelo (el de Pencos/don Gonzalo, tan reciente). Pero los criados no saben jugar a eso, ni se lo proponen. Afrodita Anadiomenes, sin duda, creía que estaba muy elegante y muy señorita con las viejas ropas que nunca había usado.

—Adiós, señorito Jonás, le he querido a usted mucho.

—Adiós, Afrodita, amor. Ya sé que la bisabuela te ha echado de casa. Me parece injusto. Aquí sólo la Poti, tía Algadefina y mi madre pueden tener hijos de nadie. Las criadas no podéis.

—Es natural, señorito.

—No es natural, Afrodita. Es completamente artificial. ¿Adónde vas a ir ahora?

A/A traía con ella una maleta de cartón, una maleta de criada, una maleta que Jonás sabía llena de fotos malas, cintas bellas y ajadas, botones nuevos y perdidos, jabones Lagarto (que es a lo que olía Afrodita) y cartas de novios de su pueblo.

Ya, casi, ni siquiera era Afrodita Anadiomenes.

—A la carrera, señorito, a hacer la carrera. Lo primero, que alguna bruja del barrio de las Claras me quite esta tripa. Y luego, a lo mío, que se ve que es dejarme abusar por los hombres. Yo nunca voy a encontrar un amor, señorito.

Jonás se sintió vagamente aludido por esta última frase, como si fuese un reproche. Pero a Jonás no le apetecía en absoluto desnudar a Afrodita (para que volviese a ser griega y virgen: con el vestido no era más que una segunda doncella despedida) y hacer el amor con ella por última vez.

—Claro que encontrarás un amor, Afrodita. Te lo mereces. Y algún día te haré una visita en el barrio de las Claras.

—¿Me encontrará, señorito?

—Naturalmente, mujer. Conozco el barrio de las Claras mejor de lo que piensan mis madres, abuelas y bisabuelas.

—Qué alegría, señorito Jonás. Le espero sin falta.

Y así se fue Afrodita Anadiomenes de una gran casa que había ilustrado toda la vida con su juventud intemporal y su desnudo de museo. Era una víctima más del fulgor de África. Jonás, por el mirador, la vio caminar calle abajo, o calle arriba, con su maleta de cartón en la mano, bellísima en su silueta de ropa absurda, pisando sereno y armónico, hacia el barrio de las Claras, no tan lejano, hacia el lenocinio, hacia los soldados torpes y los pardales de la provincia, leñosos, urgentes y reverenciales. Unos pasos de mujer, nada más que unos pasos de mujer.

El año sin tiempo, el año en que no hubo tiempo en la ciudad, fue cuando un hombre se le metió en la cama, por las noches, a tía Algadefina, precisamente cuando ella salía con el cadete Pencos, hoy muerto, del que no estaba enamorada, pero con alguien había que salir, y más si tenía un caballo de la remonta.

Aquel hombre noctámbulo, noctívago y nocherniego era, sin duda, un hombre de la familia. Pero tía Algadefina comprendió en seguida que aquel hombre exigía la tiniebla y el anonimato. Podía ser el tatarabuelo don Hernán Hernández, que cazara el oso blanco en Rusia, con los zares, y luego le reclamó a Lenin, de tú a tú, nada menos que la libertad. Podía ser el abuelo Cayo, el tío Cayo, el sobrino Cayo o cualquier otro de los sobrinos. Algadefina, después de preguntárselo mucho, decidió no preguntárselo más. En todo caso, estaba viviendo y gustando, noche a noche, como una Cherezade silenciosa, el sabor del incesto, que es un sabor harinoso, obviamente familiar, dulce, acogedor y feliz. La humanidad ha nacido de un incesto, en cualquier religión, de modo que el incesto tiene un sabor antiguo, puntual y rico que, después de miles y miles de años, no ha conseguido desplazar la exogamia. A Algadefina la había hecho endogámica un hombre de la familia, ni ella sabía quién (ni lo sabría nunca), y por eso dejó matarse o morir al cadete Pencos y dejó pasar a tantos novios.

A veces, en los viejos tiempos, durante el almuerzo familiar, servido en la mesa elíptica por la Ino, la Ubalda y la Pilar, Algadefina miraba a los hombres de la familia, primero en conjunto, luego uno por uno, y finalmente a los ojos, tratando de adivinar quién era su amante nocturno, pero los iba desechando uno tras otro, no porque no le gustasen, sino porque los encontraba incapaces de tal osadía. Quizá, y paradójicamente, don Hernán Hernández, el tatarabuelo, que comía, bebía y reía como un rey bárbaro.

Como aquello fue en el año sin tiempo, Algadefina no quedó empreñada, pero luego del año sin tiempo le vino la preñez, pues habían vuelto a nacer niños. Y de su fugaz embarazo ya se ha contado. Algadefina, en la mesa, miraba y remiraba a los hombres de la familia, del tatarabuelo al nieto, y ninguno le gustaba, y le gustaban todos. Y a la final prefería pensar que era uno cada noche (así lo parecía), con lo que ella era la aguja de plata en la que se habían enhebrado todos los machos del clan.

Hasta que aquello se acabó. Los hombres de la casa iban muriendo. Los Hernández eran más bien un matriarcado. Algadefina dormía sola y, una noche, don Gonzalo Gonzalo, borracho y homicida (ya había matado a Pencos, el duelo era un homicidio legalizado), al terminar la partida en la sala de abajo, en lugar de irse a dormir al hospital de sangre donde dormían todos los guerreros de África, buscó la alcoba italiana de tía Algadefina y cayó sobre ella como un fardo con más lujuria que capacidad de consumarla. Algadefina dio gritos, pero el peso del capitán la sometía y las manos tahúres de don Gonzalo la desnudaban (por más que dormía desnuda), hasta que alguien acudió a los gritos y un escopetón de perdigones se disparó contra la espalda militar y enorme de don Gonzalo.

Algadefina tenía el muerto sobre ella, un peso insoportable y sangriento. ¿Por qué todos los hombres se le morían encima, como quiso morírsele el cadete Pencos? Entre las tinieblas de la tiniebla, Algadefina creía haber adivinado la crencha de ceniza de bisabuela Leonisa. Estuvo media noche con el muerto encima, pesado de alcohol y tabaco, de sueño y muerte.

En esto acaban los capitancitos de África, en esto acaba el fulgor de África, el fulgor del Imperio, pensó, hasta que tuvo la decisión de empujar el cadáver al suelo, levantarse desnuda e irse a dormir a la cama ancha y sola de Jonás el bastardo, que aún estaba escribiendo. Jonás no le preguntó nada, sino que le cedió el lecho y él se acostó en una cama turca, vieja y desechada, que había en la habitación. Quedaba claro que el capitancito don Gonzalo Gonzalo había muerto en un intento de violación, «víctima de enajenación pasajera», y como su muerte venía a coincidir, más o menos, con la del ex cadete Pencos, se les enterró juntos en el cementerio local, al que se llegaba en seguida, pasando el barrio de las Claras o Clarisas, y de las meretrices y los Reyes Católicos, el palacio de Vivero donde se habían casado, por un camino de cipreses, con su fruto seco y duro «como calaveritas», que dijera el poeta, según recordó Jonás en el entierro doble.

Hubo curas, militares, el propio orador sagrado que había expulsado del templo a Pencos y Algadefina, con sus palabras de púlpito, y, como la muerte redime de todo, la muerte es la gran hipocresía, Pencos recibió honores militares de cadete ejemplar y don Gonzalo Gonzalo recibió honores de guerrero ejemplar, de capitán glorioso en la guerra de África (el

Blanco y Negro se ocupó mucho del tema), el héroe de Melilla, en las alturas del monte Silaii, etc. Tía Clara y tía Algadefina sí que acudieron al cementerio, y Jonás, cogido del brazo por sus dos madres electivas, feliz de maternidad y protección (iban cayendo los rivales), se enteró de todas las palabras en latín (había estudiado el Derecho Romano de su hermano el torero), y comprendió que enterrar a alguien era siempre un placer serio y bello.

El sol era frío, los árboles del cementerio tenían un verde quieto, inexpresivo, un verde ausente de lo verde, y las damas habían vuelto a vestirse de antiguas, como cuando el duelo. Su replegamiento, unas contra otras, en los momentos patéticos, seguía sonando a papel de periódico estrujado.

Pero, de vuelta a casa, Jonás repasó su memorial familiar y comprobó que, de un tiempo a esta parte, estaba lleno del fulgor de África, del fulgor del Imperio, una cosa en la que él no creía, pero que había invadido su conciencia y quizá su prosa. Quedaba una pregunta: ¿Quién había matado a don Gonzalo, evitando la violación de Algadefina? Tatarabuelo don Hernán estaba embalsamado en la catedral. Pencos estaba muerto. ¿Bisabuela Leonisa, siempre loca y acechante, como los locos?

El bloque de los cadetes y el bloque de los africanistas habían permanecido distantes y distintos en el cementerio. La sangre y el oro, irreconciliables. Jonás vio en ello el innato guerracivilismo de España.

Jonás el bastardo, pese a haber tenido dos madres, hubo de ser amamantado por un ama a sueldo, Pilar, la Pilar, de un pueblo que tenía una gran laguna.

Con los años, Pilar entró en el servicio de la casa, y una vez al año traía a sus hijos de verdad, poblanos y feos, que eran «hermanos de leche del señorito», cosa que le daba igual al señorito, pero que le obligaba a soportarlos durante un rato. Cuando los hijos se hicieron grandes y se quedaron a trabajar en la laguna —¿qué riqueza era la que se podía obtener de una laguna?—, Pilar se asentó en la casa como tercera sirvienta, y Jonás la rehuía como su tercera madre, su madre de leche, porque bastante tenía con las madres reales y efectivas. La Pilar, mayormente, limpiaba la casa y hacía trabajos de cocina. Intentó con Jonás una maternidad sentimental, pero el mozo huía de eso.

Jonás anotaba en su memorial que la expulsión de los moros, por Reyna Ysabel, había sido el origen de todo, en 1492, el origen del fulgor de África. Desde entonces, África nos fascina, como el vencido fascina siempre al vencedor (y esto era casi una teoría erótica).

En las noches del bar Cantábrico (en una ciudad que no tenía nada de cántabra), María Luisa, aquel airón de sexo, plumas y perfume, se enamoró de un capitancito africanista, uno cualquiera, uno más, un remedo malo del difunto don Gonzalo Gonzalo, y se escaparon juntos a Madrid: él, tanto por amor como por no volver a la guerra y la muerte bajo la aureola y el fulgor de Franco, que era el fulgor de África; ella, por sentirse libre, anónima y amante en la capital.

Cuando el africanista murió tísico, como casi todos, María Luisa se fue a Fornos a hacer la carrera, ya que lo único que le interesaba en la vida eran los hombres, y por tanto tenía que vivir de eso. Se salvaron de África y de Franco, pero él murió echando sangre en una palangana de pensión barata y ella moriría de enfermedades venéreas en un hospital madrileño, grande y desembaulado.

María Eugenia, por el contrario, en el salón rojo y nocturno del Cantábrico, se enamoró de un cadete asimismo anónimo, sin querer enterarse de que los cadetes tenían amores fugaces en la ciudad y, terminada la carrera, se casaban con una ricahembra de su pueblo. María Eugenia, en la madurez, retirada en su huerto del Sur, madura, ojival y bella, leía *Circe y el poeta*, un éxito de aquellos años, buscándose a sí misma en el libro, como se busca siempre todo lector no profesional.

María Luisa se había enamorado de un guerrero porque hay mujeres que se enamoran de la violencia y la sangre. Hay mujeres que se enamoran del hecho consumado (toreros, premios Nobel, etc.). Y hay mujeres que se enamoran de la rectitud y la carrera militar bien llevada, no por nada, sino porque lo otro las asusta.

Así, María Eugenia se había enamorado de un cadete, que seguramente nunca iba a ir a la guerra, pero podría prestar a la familia un aura de grandeza bélica. Lo que pasa es que los cadetes, luego, se casan con otra. Son unos hipócritas con entorchados. Mientras que los guerreros se entregan a la mujer que se les entrega y fornican con ella hasta la muerte.

¿La moral del guerrero o la moral del cadete?

Ésta era la incógnita que se planteaba Jonás en su vida. ¿La moral del peligro o la moral de la hipocresía? Jonás, aún tan niño en tantas cosas, creía que primero hay que tener una moral y luego vivir conforme a ella. La vida le enseñaría que la moral se le hace a uno, por dentro, viviendo. Tardaría muchos años en comprender la grandeza de María Luisa besando la boca letal de su amante tísico y sangriento en una pensión barata de Madrid.

FUE en uno de aquellos bailes de los Hernández, cuando se bailaba la polca y la redova, aunque los más jóvenes optaban por el charlestón e incluso el jazz-band. Jonás el bastardo ya no se escondía bajo el piano (regentado ahora por la Poti, compuesta, madre y sin novio), sino que se sentaba en una silla de paja, hecho un mozo, hasta que la prima Marta o tía Algadefina le sacaban a bailar. Tía Algadefina, que le había descubierto a Rubén Darío, le descubrió el jazz-band. Tía Algadefina, tía/madre, le iba haciendo hombre. Fue en uno de aquellos bailes dominicales de los Hernández, con la Poti regentando el piano, cuando tía Algadefina tuvo la tos.

Estaba bailando, precisamente, con el bastardo Jonás, su querido bastardo, aquello de *madre, cómprame unas botas, que las tengo rotas de tanto bailar...* Bueno, era la letra pobre que le ponían en España a aquel vértigo americano. Se detuvieron en el centro de la pista. Jonás sujetó el talle abrileño de su tía. Ella puso la frente abultada y virgen —virgen a pesar de todo— en el hombro del bastardo, y tosió contra él. Jonás tenía un temblor de hijo y de amante. Vino tía Clara y le miró con su mirar dorado y grave. Era como si le estuviese diciendo: estás enamorado de ella porque crees que es tu madre; tú qué sabrás, pobre niño, que no eres más que un niño. Se llevaron a tía Algadefina. Jonás se miró la solapa y tenía en ella una mancha de sangre.

Clavel dramático que la madre/tía/amiga le había dejado en el ojal. De modo que tía Algadefina escupía sangre, tosía sangre. Luego se lo dijeron las criadas, la Ino y todas ésas. Uy, no es de ahora, la señorita desde siempre, lo que pasa es que lo lleva con mucha discreción. Fina que es la señorita. Jonás se fue a su cuarto, ya sin toreros ni tocadores de laúd, y lloró sobre su memorial abierto, hasta casi borrarlo. Luego se hizo un hombre y fue a ver a tía Algadefina en su alcoba italiana. Estaba bella, delgadísima, con los ojos excesivos y la sonrisa remota.

Estaba tísica.

—Jonás, niño, no te preocupes, esto no es de ahora.

—Nunca me lo habías dicho.

—A los niños no hay que decirles ciertas cosas.

Hubo un silencio. La alcoba italiana de tía Algadefina tenía unas puertas con cristales verdes, de rombos y florecitas, puertas siempre abiertas al mirador del aire puro. La alcoba italiana de la tía Algadefina era azul, y pesante, sobre todo por la caoba negra de la cama, pero alegrada por los vestidos brillantes y locos de aquella mujer. Jonás, sentado a los pies de la cama, se dijo: «Un lecho para morir.»

En aquella alcoba azul, sombría, lujosa y húmeda, tía Algadefina había vivido el largo incesto de su juventud, había engendrado un hijo y lo había perdido, había soportado el intento de violación de don Gonzalo Gonzalo y había tenido unas horas, sobre sí, el cadáver del capitancito, como un odre lleno de vino. ¿En aquella alcoba le había engendrado a él mismo?, dudó Jonás.

—Quiero que te cures, tía.

—Por si acaso, acostúmbrate a vivir sin mí. Será antes o después.

—¿Antes o después?

—Todavía tenemos que volver al teatro cuando venga la Singermann. Ésa sí que es vieja y sigue recitando a Rubén.

Ya suenan los claros clarines, ya viene el cortejo de los paladines. Los versos se volvían fúnebres en la memoria y el cortejo era negro.

—Tú no eres vieja.

—No se es viejo ni joven, Jonás, niño. Se es enfermo o sano.

El médico, don Félix, venía a auscultarle el pecho periódicamente. El médico, don Félix, era viejo, delgado y con gran bigote. Tenía algo del Gato Félix, quizá sólo por el nombre y el bigote.

—¿Cuándo volverás a bailar conmigo, tía? Ahora no tienes novio...

Pencos había muerto. Don Gonzalo había muerto. Pero Jonás comprendió que acababa de decir una tontería. Los ojos excesivos de Algadefina le miraban con lejanía, dulzura y terror.

Y tía Algadefina tosió. La tos de tía Algadefina, que había alegrado las mañanas de Jonás (ignorante de lo que era aquella tos), la tos de tía Algadefina, que había tranquilizado las noches del muchacho, cuando la oía desde la cama, sabiéndola de vuelta. La tos de tía Algadefina, que era ahora una tos oscura, enferma, decisiva y definitiva. Por fin comprendió Jonás el enigma ligero de aquella tos, que había descifrado siempre —nunca— como quien lee por encima un bello jeroglífico egipcio, hasta que se le revela su significado mortal.

—Tienes tos, tía —dijo tontamente.

—Siempre la he tenido, mi niño.

—Qué te pasó en el baile...

—Me ha pasado otras veces.

Y tía Algadefina volvió la cabeza para el otro lado, lentamente, desmayantemente. Jonás comprendió que estaba cansada, muy cansada, y que él estaba contribuyendo a aquel cansancio. Se puso en pie para irse, una mano cogida a la otra. Y de pronto tuvo un gesto de hombre. Se inclinó y besó la sien izquierda de tía Algadefina, que ya estaba en el sueño o el sopor. Era una sien húmeda, una sien joven, delgada y enferma, una sien pura, con el perfume del pelo y el apuramiento de la gravedad o de la muerte.

Jonás pegó el estirón que le saca a uno de la adolescencia, al salir de la alcoba italiana. Tía Algadefina, una de sus dos madres, la más amiga, si no la más querida, se estaba muriendo. Jonás entornó levemente las puertas de cristal a rombos, por dar un poco de penumbra al sueño de la enferma, pero dejando rendija para que le entrase el viento norte y puro del mirador hasta su alma de respiración minuciosa y difícil.

SEGUNDA PARTE

DEL MISMO modo que hubo el año sin tiempo, hubo el año de la inundación, que fue cuando se desbordó la Esgueva y la gente iba en barca por entre el plateresco y el barroco de la ciudad.

La ciudad, pues, fue una Venecia semanal y adusta que trajo algunas gentes nuevas a casa de los Hernández, nuevas o menos habituales, pues los ríos siempre arrastran vidas, que ya lo dijo el clásico.

Las Caravaggio, de las Caravaggio de toda la vida, que vivían en un digno entresuelo, se vieron con el agua por el culo de la abuela, los muslos de la niña (Teté Caravaggio) y el cuello de los jarrones. Fue cuando acamparon unos días en el palacete de los Hernández.

Las Caravaggio, de las Caravaggio de toda la vida, eran todo un matriarcado, viudas, separadas, abuelas, madres, hijas, nietas, solteras y malmaridadas, todas con el luto elegante y muy clase media, la pluma en el sombrero, el lunar en el velito, el morado en la pestaña, la boca de as de picas y las manos joyosas, blancas y un poco hinchadas. A la madre de Teté Caravaggio la había dejado un capitán de la Marina Mercante por el sencillo procedimiento de irse al mar.

Es la ventaja que tienen los marinos: irse al mar y no volver: el mar se lo traga todo.

La madre de Teté Caravaggio tenía un ojo que se le iba (quizá por eso la había dejado el marino, partidario de brújulas seguras) y llevaba su viudedad marítima, que no mortuoria, con mucha dignidad y mucha pluma verde sobre el general luto familiar.

Teté Caravaggio era bellísima y gorda, la más gorda de la ciudad, y durante su estancia en casa de los Hernández, el año de la riada (que fue como otro año sin tiempo, pero diferente: un año que dio muchos niños y muchos muertos, al contrario del año sin tiempo), durante aquel año, se ha dicho (era como si el Dios antiguo mandase plagas sucesivas y nuevas sobre la ciudad), Teté Caravaggio conoció al capitancito Fernando Sánchez Heredia y Sánchez, un joven alto, moreno e impersonal.

A veces ocurre esto: que un hombre sin personalidad se personaliza y sale de la sombra gracias a un amor, gracias a una mujer. La mujer viene a ser así como el ácido contrastante del hombre, la que da relieve a aquello que no lo tiene.

El año de la riada, ya se ha dicho, fue en la ciudad como el año sin tiempo, pero a la inversa. En todo caso, una plaga benéfico/maléfica, como la otra, y siempre perjudicial —o vaya usted a saber— para la ciudad.

El matriarcado luctuoso y mundano de las Caravaggio, de las Caravaggio de toda la vida, aparte llenar el palacete (como el bar Cantábrico y el Salón Rojo) de pájaros verbales y grititos, de aves fonéticas y plumas verdes, veía con muy buenos ojos (incluso el ojo perdido de la madre de Teté), aquel romance veneciano entre la niña gorda/gordísima, con belleza de Niño Jesús de Praga, y el héroe africano don Fernando Sánchez Heredia y Sánchez, en quien nadie había reparado hasta que ella le sacó de la sombra, de la espesura de los hombres, con su mirada de mujer.

Teté Caravaggio (que hacía peligrar la navegación con sus ingencias adolescentes) y el capitancito don Fernando Sánchez Heredia y Sánchez (inmaculado, pero con medallas como heridas y heridas como medallas, según se ha dicho de algún otro), paseaban su amor en barca (una barca verde, esbelta y zozobrante) por toda la ciudad, el año de la inundación, cuando se desbordó la Esgueva, y era hermoso verles pasar en su barca verde, despacio y en silencio, a media tarde, remando musicalmente y rozando las piedras del adusto románico castellano y la multitud clamante en silencio de los apóstoles y los demonios góticos con el agua hasta la boca.

«PANORAMA de la batalla de Tetuán» (el campo de África y los moros en figuras de bulto). Qué lejos le quedaba todo esto a Jonás. Pero en la Escuela de Artes y Oficios Artísticos había un cuadro que se llamaba así y que algunos alumnos se entretenían en copiar. Jonás no lo copió nunca, por varias razones, a saber:

Porque él, a sus veinte años, sentía que había vivido personalmente, mucho tiempo antes, la batalla de Tetuán, y en cuanto a las figuras de bulto, a él le habían abultado más que a nadie. De modo que Jonás, cada tarde, de seis a ocho, en la Escuela de Artes y Oficios Artísticos, subido en una banqueta, inclinado en su pupitre con orejeras de madera (para que no le distrajese la conversación del vecino), copiaba minuciosamente el rostro oval y tonto de una campesina vagamente caucasiana, poniendo el entusiasmo, todo el entusiasmo, en lo que el profesor, don Joaquín, hombre pequeño y con bufanda, llamaba «el reojito», o sea, el mirar de reojo de la moza.

Pero Jonás sabía ya que este mirar de reojo era un recurso de Goya, aprendido del Greco, y que basta, para darle vida a unos ojos pintados, con desviar la mirada.

Los filósofos escribían mucho por entonces (y Jonás los leía, más o menos) sus interpretaciones de la mirada en los personajes de Goya, y ahí había aprendido, a sus dieciocho o veinte años, que el Greco y Goya extravían los ojos de la gente, y con eso les basta para que la gente esté viva y tenga mirada. Siempre que el juego, claro, lo hagan Goya o el Greco.

Con lo que Jonás volvía a una primitiva conclusión personal y general: hay trucos para triunfar en el arte, pues claro que hay trucos, pero el truco sólo es válido siempre que sea un truco artístico, arte por sí mismo. Con lo que estábamos otra vez en lo de siempre; valías o no valías. La campesina vagamente caucasiana, a Jonás le iba quedando cada día más caucasiana y más campesina. Aquella señorita iba para «notable», cuando menos. Aunque Jonás, seguro de un notable a fin de curso, pensaba ya en la literatura como futuro, en el futuro como literatura. El memorial de los Hernández lo tenía terminado, sólo que ya no había Hernández. Vivían únicamente él, bisabuela Leonisa, eterna y loca, y la fiel y díptera Ino, ni más vieja ni más joven, en el palacete. Más la resucitada Algadefina.

Los hombres de la familia habían ido muriendo prematuramente, que es como mueren los hombres. Corrían los años veinte. Tía Clara se había ido a Madrid, a trabajar con don Manuel Azaña, y tía Algadefina llevaba mucho tiempo destinada al cementerio local, en el panteón familiar, aquel cementerio donde ella había yacido con el cadete Pencos en el año sin tiempo, cuando no moría nadie ni se enterraba a nadie, claro, cuando la vegetación salvaje cubría y acolchaba las tumbas.

La Escuela de Artes y Oficios Artísticos era una casa grande y cansada en la que convivían aprendices de ebanista con genios del futuro, chicas de charlestón con glorias local/oficiales de melena y pipa de espuma solidificada. La Escuela de Artes y Oficios

Artísticos era el paso intermedio de Jonás entre las enseñanzas humanísticas de su madre/institutriz, tía Clara, y un destino en la vida. Sú destino en la vida parecía ser una oficina o el periódico local. La oficina era de seguros, era francesa y la familia tenía acciones en ella desde los tiempos del europeísta (anticipado) don Hernán Hernández. Pero a Jonás le tiraba mayormente el periódico. Así las cosas, el aprendiz de pintor, sabiendo que nunca iba a ser pintor ni siquiera dibujante (sobra el «ni siquiera»: Jonás sabía que el dibujo es la honradez y la arquitectura de lo pintado), se concedía una tregua en su ya larga vida de dieciocho o veinte años, antes de tomar partido.

La Escuela de Artes y Oficios Artísticos, grande, vertical y sucia, penetrada con un patio gris, donde todas las tardes celebraban justas los gatos y las ratas, era una tregua bohemia y triste, indefinida y alegre, donde tuvo amores Jonás con algunas alumnas y conoció *le gratin gratiné* del arte local, que era lo que más le interesaba.

No había más que dejar caer un difumino, agacharse a por él y mirarle las bragas a la chica que estaba sentada en el taburete de enfrente, del otro lado de la mampara, con las piernas abiertas.

—Pacita, al agacharme a coger el difumino te he visto las bragas. Son blancas y me fascinan. Odio las bragas de colores. ¿Quedamos a la salida?

Y se quedaba y se fornicaba. La Dictadura había traído libertad a las provincias, incluso a las provincias, libertad y sexo, ya que el sexo no es sino «libertad en acto», por decirlo con la expresión exacta, paulvaleriana, de un poeta local.

En cuanto a *le gratin gratiné*, lo centraba sobre todo don Ramón de Rioseco, un hombre alto, de melena cuidada y rizada, cachimba inglesa y nariz de superpuestos caballetes, que se parecía mucho a Sherlock

Holmes, y no sólo por sus capotes de invierno y sus viseras a cuadros. Don Ramón de Rioseco era el santero local, el que iba recomponiendo a Juan de Juni, a Gregorio Fernández, a Berruguete. Y cuando había que añadir un santo a las procesiones, don Ramón de Rioseco lo añadía con la misma propiedad que los remotos artistas. Don Ramón de Rioseco sabía imitar a cualquiera. Lo que no sabía era imitarse a sí mismo, hacer algo personal.

—Ahora, con el laicismo, hay menos encargos de santos, de modo que voy a dedicarme a mi Obra.

Decía Obra con mayúscula, se le notaba. Pero don Ramón de Rioseco, que siempre había repugnado el clasicismo de los modelos que tenía que imitar, puesto a ser vanguardista y decir «lo suyo», no tenía nada que decir. El siglo, en los años veinte, acumulaba ya muchas vanguardias, y don Ramón de Rioseco no se adscribía a ninguna o se adscribía a todas, como cada genio en cada provincia, de lo cual le salían unos desnudos estilizados e indigentes, fríos e impersonales (la modelo era una muchacha artesana, bellísima y fría, que don Ramón había elegido como amante, pero cuya personalidad cenceña y popular, fuerte y digna, dejaba él en una máscara de yeso: el modelo le superaba). A ver si iba a resultar que don Ramón de Rioseco, pese a la pipa y la melena, no era más que un santero, un artesano, repetidor de lo ya hecho, incapaz de incorporarse a las vanguardias, que habían llegado a España mientras tanto, y que él cantaba en sus clases teóricas y prácticas. Jonás comprendía que estaba perdiendo el tiempo en una casa de amables fantasmas, pero le gustaba perderlo así, demorar su vida, tomarse una larga pausa entre la infancia y la adultez (la juventud no existe, no es más que un trámite).

El apio en regueros, el aceite en confluencias, el pimentón en rutas rojas y mínimas, casi aztecas, los ajos como las joyas sueltas de un collar deshecho, el azúcar navideño y la lentísima caminata del vino. Bisabuela Leonisa en un extremo de la casa y la Ino en el otro, dejando que la vieja inmortal se muriese sola (ya iban siendo igual de viejas).

Jonás huía de aquel hogar y se escribía mucho con tía Clara, que estaba en Madrid sirviendo a Azaña. ¿Qué era el azañismo? El azañismo llegó a ser todo un movimiento cívico en España. Un movimiento que venía de Carlos III, los iluminados, los doceañistas y así, hasta cobrar cuerpo, de nuevo, en aquel hombre alto, gordo y feo de Alcalá de Henares, que con su verbo clásico y nuevo llegara a cautivar a todos los españoles, o casi.

Unamuno en el 98, luego Ortega y por fin Azaña (así se lo decían a Jonás las cartas madrileñas de tía Clara), eran los tres españoles que habían levantado aquel tercio de siglo, sólo que Azaña, siendo un intelectual como era, había tenido más cojones que los demás para meterse en política y cortarles borlas a los militares, africanistas o no, que siempre se están peleando por las borlas.

Eso, más o menos, era el azañismo, se decía Jonás, mientras seguía dibujando su campesina vagamente caucasiana, que le iba a valer un notable, y quién sabe si un sobresaliente, bajo la dirección de don Joaquín y la superdirección de don Ramón de Rioseco, que se acercaba al muchacho con el ruido acompasado/desacompasado de su andar (una bota con alza de corcho, por un accidente de automóvil, y un bastón elegante y dandy, como remedio estético de la cojera).

—Muy bien ese reojito, joven. Usted ha estudiado mucho a Teotocópuli y a don Francisco.

Ramón de Rioseco siempre llamaba Teotocópuli

y don Francisco al Greco y Goya, como incluyéndose confianzudamente en la minoría de los grandes. Luego se iba a hablar con otro alumno (aunque prefería a las alumnas), y Jonás oía el alejarse de su bota/plancha, como decían los condiscípulos, y el punteado de su bastón sobre la vieja madera del piso.

En aquella Escuela de Artes y Oficios Artísticos conoció Jonás a Juanito Rodríguez Cimera, que era alto, romántico, chopiniano, y dibujaba muy bien al carboncillo. Juanito Rodríguez Cimera, hijo de viuda de militar, gustaba mucho a las chicas de la escuela. Pero Jonás tenía de su parte toda la inconsciencia de la edad como para competir con él. Jonás y Juanito se hicieron muy amigos, salían juntos con chicas y, cuando paseaban solos por el Parque Grande, en invierno o verano, discutían de todo y no estaban de acuerdo en nada, ya que Juanito era más siglo XIX y Jonás era más siglo XX. Por ejemplo, la guerra de África:

—Mi padre murió en la guerra de África, y ya sólo por eso aquella guerra es sagrada —decía Juanito.

—Yo he tenido en mi casa a los capitancitos de África y te aseguro que no eran más que unos tahúres sangrientos.

—Cómo puedes decir eso de los héroes gloriosos de nuestro Imperio.

—Palabras, Juanito. España acaba allá abajo y no hay por qué seguir matando moros para dominarlos.

—Les llevamos nuestra cultura, nuestra civilización, nuestra religión, que es la verdadera, y nuestra estirpe.

—Eso último de la estirpe no lo entiendo, pero vale, Juanito. Suponiendo que hay un Dios, en el que yo también estoy dispuesto a creer, pienso que será un Dios universal que puede manifestarse bajo todas las formas, y que es tan válida la máscara africana como el crucifijo de Gregorio Fernández. Lo que importa es la conciencia de una mirada superior que nos mira y nos crea.

—Lo que importa es sacar a los salvajes del paganismo y traerlos al Evangelio.

—El Evangelio de tus Hermanos Maristas, Juanito. Eres local.

—No entiendo lo que dices, pero sé que la razón está de mi parte.

—Los católicos siempre tenéis la razón de vuestra parte, como Claudel, que no hace más que echarle sermones a Gide.

—Déjate de literatura, Jonás. Te hablo del Evangelio.

—El Evangelio también es literatura. Alguien lo escribió.

—Estás blasfemando, Jonás.

—Estoy razonando, Juanito.

De estas discrepancias se alimentaba la amistad profunda de Jonás y Juanito. Jonás admiraba a Juanito Rodríguez Cimera por cómo tocaba Chopin al piano. Él hubiera sido incapaz. Juanito Rodríguez Cimera admiraba a Jonás por las frases que se le ocurrían al paso sobre las chicas del paseo, verdaderas metáforas.

—Tú eres un poeta, Jonás.

—Quizá, pero de eso no se vive.

«Beethoven me da más música. Chopin me da mejor música.» La frase era del *Journal* de André Gide, que Jonás leía en francés, y gustaba de repetírsela a su amigo Juanito Rodríguez Cimera. Una amistad profunda entre hombres está hecha siempre de pequeñas coincidencias, aunque disientan en las grandes cosas. Se puede estar de acuerdo en las grandes cosas con un energúmeno y no ser amigo de él.

JONÁS aprendió por las cartas de tía Clara (una pedagogía a distancia, llegada desde el corazón del azañismo), que Carlos III hizo Madrid moral y arquitectónicamente, lo convirtió en una ciudad europea, ilustrada, «iluminada» (y cómo le gustaba a Jonás esta palabra).

Que Carlos III fue el precursor involuntario de las Repúblicas venideras, incluida la próxima, y que el XVIII español fue un siglo tranquilo, sin otra violencia que el motín de Esquilache (provocado, a fin de cuentas, por un extranjero, italiano como era Esquilache), y que Floridablanca y Campomanes gobernaron muy bien, y que el ministro «volteriano» Conde de Aranda había expulsado a los jesuitas en buena hora, aunque la vuelta de éstos sería la ruina del reinado.

Y que, incluso en un reinado liberal, como aquél, el Poder tenía poder sobre el atuendo del personal, capas y chambergos. Pero que, a fin de cuentas, Azaña le debería su Poder, remotamente, a Carlos III.

Las monarquías sólo apuntan futuro cuando les tienta la República.

Por Juanito y otros amigos comprendía Jonás que la amistad es un espejo. Los amigos, íntimos y pocos, son como un biombo de espejos en el que se mira, en los que se mira el adolescente. Los amigos son como el probador del sastre: un sitio donde verse todos los perfiles, e incluso la espalda y la nuca.

Jonás pensaba en lo que tenía y lo que no tenía de

Juanito. Tenía la estatura, la pasión por las mujeres y la confusa vocación artística. No tenía oído musical ni mano para el carboncillo (pese al «notable» de la escuela de Artes y Oficios), ni sentido militar de la Historia, lo que quizá equivalía a no tener sentido de la Historia en absoluto.

Pero, en cualquier caso, Jonás comprendió que los amigos de adolescencia/juventud son los espejos en que se multiplica la propia imagen, por cómo nos reflejan y por cómo les reflejamos. Con los años, la amistad se hace más opaca. De modo que sus primeros amigos de juventud le enriquecieron y le acompañaron.

Algunos domingos por la tarde, mientras bisabuela Leonisa repartía toda la despensa por la casa, ya sin hijas ni criadas que la coartasen, mientras la Ino se estaba en sus buhardas, recosiendo calcetines de hombres que ya habían muerto, Jonás emprendía el camino del convento, el mismo convento donde había estado la hija de don Lupicinio, el boticario, y donde estaban sus hermanas Ascensión y Paquita.

Jonás buscaba también la acera de sombra, como don Lupicinio y señora, en invierno y verano, y esto le proporcionaba la deliciosa sensación de sentirse viejo a los veintiún años. Claro que Jonás no llevaba un rosario en la mano, como la mujer de don Lupicinio, sino la *Segunda Antolojía* de Juan Ramón Jiménez:

Se paraba
la rueda de la noche.
Vagos ángeles malva...

El convento, en domingo, era una romería de padres y parientes de las reclusas. Todos iban a lucrar indulgencias de las santas presas. Jonás no llevaba regalos a sus hermanas porque había comprobado que todos se los quedaba la tornera. Una vez les llevó un libro de Bécquer, pero la hermana tornera se lo devolvió por «mundano», casi sin mirarlo.

—¿Mundano Bécquer, hermana?

—Mundano y pecador.

—Y sifilítico, hermana, que a usted se le olvidaba.

Y Jonás volvió el libro a su bolso. Allí eran sospechosos hasta San Juan de la Cruz y Santa Teresa (y con razón, pensaba Jonás).

Jonás nunca sabía si, detrás de la alambrada de sombra, le hablaba Ascensión o Paquita. Con ambas había tenido «tocamientos secretos y acciones deshonestas», cuando la infancia, de modo que quizá le recibían como un culpable, más bastardo que nunca. Ahora se llamaban sores no sé qué, sor no sé qué y sor no sé cuál. Lo que no estaba permitido era ver a las dos a la vez, o no verlas, de modo que, teóricamente, Jonás veía a una de ellas cada domingo, sólo que las hermanas iban cambiando con los años, y ya no les reconocía la voz, y menos el rostro, detrás del tupido velo y la alambrada de sombra. No tenía que preguntar por una ni por otra, pues que el convento llevaba la cuenta y le sacaba una cada semana. Pero una desconocida, un fantasma distante y sombrío. Ni la niña tierna y terrenal de los juegos infantiles ni la adolescente juncalizada y anhelante del mirador. Aquello era como hablar con una muerta que hablaba en sustitución de otra muerta.

«Soy ya como don Lupicinio, pero sin botica», se decía Jonás, recordando la vieja historia que había oído tan repetida en los saraos lúgubres de bisabuela Leonisa.

Hasta que llegó al convencimiento (imaginativo) de que una de sus hermanas había muerto y la que le recibía los domingos era la otra, Ascensión o Paquita, Paquita o Ascensión, con la voz enronquecida por la masculinidad del cautiverio, la abstención y el rigor.

Como ya las visitas le aburrían, otro día, por distraerse, Jonás le pasó a la hermana tornera la *Segunda Antolojía* de Juan Ramón, libro que tanto leía por entonces, como ya se ha dicho, a modo de obsequio para su hermana Paquita. Y la tornera, hojeando el tomo, dio con aquello de:

La primavera,
niña errática y desnuda...

Arrojó el libro como alacrán malva, la hermana tornera, y Jonás se lo metió en el bolso, sonriendo, y ni siquiera pasó al letárgico refectorio. Volvía por el largo paseo con sol tibio, leyendo al poeta:

De un incoloro casi verde,
vehemente e inmenso cual mi alma...

Jamás volvió a visitar a las hermanas vivas o muertas.

Muertas en todo caso.

LEANDRITO era alto, tartamudo y rizoso. Tía Clara estaba en Madrid, sirviendo la causa de un confuso señor Azaña, que sacaba una revista llamada *La Pluma* y quería traer nada menos que la República. Leandrito vestía un trajecillo de lana, azul marino, con borlas rojas, de pantalón corto, naturalmente, pero «corto» hasta las rodillas, y Jonás y él jugaban a la pelota. Cuando ambos se hicieron mayores, o les hizo mayores la guerra, o la Historia (la Historia hace muy mayor a la gente), Leandrito y Jonás se dedicaban a pasear a la orilla del río. Jonás recitaba a Rubén y Juan Ramón. Leandrito hacía humor o hacía filosofía. El río vivía su catástrofe cotidiana contra la presa, catástrofe resuelta en fragor de espumas y cisnes de agua, que remontaban el inconveniente y seguían su navegación.

Leandrito era hijo de soltera altiricona y entrada, y de un viajante de champanes, bajito y casado en segundas, que murió pronto. Jonás, así como veía en Juanito el espejo de sí mismo, un espejo mejorado por el piano y el difumino, o empeorado por el gusto viejo y la falta de información, Jonás, se dice, veía en Leandrito un yo tartamudeante y prisionero, un yo frustrado, sometido a limitaciones físicas (y no genealógicas, como las de los bastardos).

«Éste podría haber sido yo si mis madres no se acuestan a tiempo con mis padres.» Y Jonás recordaba un viejo dicho inglés:

«Lo mejor para tener buena salud y vivir mucho es elegir buenos padres, padres centenarios.» Así le iba a él de bien. Leandrito, mientras se paseaban por las orillas anchas y gruesas del río, le enseñaba a Jonás filosofía, radio, ajedrez, física recreativa y una manera racional de alimentarse, tomando café, sólo café, como estímulo del cerebro a la hora de crear.

Jonás, a Leandrito, también podría haberle enseñado muchas cosas, pero le daba pereza y se limitó a quitarle una novia delgada, morena y niña, con lo que Leandrito se hizo místico, se apartó de los amigos, incluidos Juanito y Jonás, y dedicaba la tarde a visitar al Santísimo Expuesto.

Jonás, siempre tentado por la síntesis (sin haber leído a Hegel), dedujo que Juanito era el modelo positivo, el que insta a superarse, y que Leandrito, a la sombra de las grandes moreras del verano, era el perdedor nato, el que nunca va a llegar a nada, salvo a ganarle al ajedrez a papá. «El ajedrez no sirve para la vida», se decía Jonás, marcado ya por una cruenta vocación de triunfo. «El ajedrez es el refugio de los que han renunciado a triunfar, a dar batallas reales.»

Y todo esto (más la novia robada y vana), fue lo que llevó a Jonás a abandonar a Leandrito, lejos de secundarle en sus visitas al Santísimo.

Jonás iba advirtiendo en sí, con una secreta o manifiesta sensación de asco, que lo suyo era la voluntad de triunfo, y que le repugnaban los amigos débiles, dispuestos y predispuestos por anticipado a perder en la vida. Así Leandrito, así Juanito, en el fondo, que no quería renunciar a sus modelos antiguos ni enterarse de lo nuevo.

Jonás, en cambio, repugnaba ya de su campesina vagamente caucasiana, que efectivamente le había valido un notable; pero Jonás era consciente de que, a la misma hora en que él calcaba académicamente una campesina caucasiana, o lo que fuese, Picasso estaba en alguna buhardilla de París inventando cosas.

Y Jonás se sentía muy hijo del siglo.

Las cartas de tía Clara, desde Madrid, en la secretaría del señor Azaña, le llevaban a entender el siglo XX como una empresa de todos, aunque el fulgor de África seguía vivo en las guerras del general Primo de Rivera.

Jonás, de cuando en cuando, entraba a visitar a tía Algadefina, que iba mejorando a partir de la muerte, que se iba irguiendo a partir de la horizontalidad rendida, que iba sonriendo con más plata de vida que oro de muerte en su sonrisa.

Sonriendo y sonriéndole.

LOS DOMINGOS por la tarde los dedicaba Jonás, según se ha explicado, a visitar a sus hermanas reclusas. (Hasta que dejó de ir.) Los lunes hacía otra peregrinación, una peregrinación paralela, por el mismo barrio de las Claras (palacio de Vivero donde casaron los Reyes Católicos, última casa de Cristóbal Colón), hacia los reinos pardos y palurdos de Afrodita Anadiomenes.

—¿Por qué no viene más mi niño?

—No vengo los domingos, Afrodita, porque sé que tienes cola de pardales y soldados. Me parece a mí que el lunes es un día más tranquilo para que pasemos una tarde, como cuando entonces.

—Pues claro que sí, niño Jonás. Y que la doña Nati no sepa que no te cobro.

Al lenocinio de Afrodita Anadiomenes se llegaba entrando por una calle a la izquierda, calle estrecha y espesa de borrachos, rezagados del domingo y chulos de putas. En los bajos había un bar con luz roja (más luz de estufa que luz erótica), calentando el interior e incluso el exterior invernizo, el exterior de la tarde sin sol en aquella calle, el exterior de tapias, solares, soldados de rayadillo y pardales de boina con alma de pana.

La peregrinación de Jonás a casa de Afrodita Anadiomenes, era paralela a sus peregrinaciones a las Claras, donde veía/no veía a sus hermanas. El mismo trayecto, el mismo internarse en la ciudad profunda, el mismo ritual peripatético y solitario. Jonás hubiera ido más a gusto los domingos a la casa de lenocinio donde vivía y trabajaba Afrodita, pero el domingo era el día de recibo de las monjas y, por otra parte, ya se ha dicho que Jonás quería dejarle a su criada/amante/mitología el día feriado libre para pardales y soldados de África.

Cuando Jonás decidió no volver a frecuentar el misterio del convento y el locutorio, ni a la hermana tornera que rechazaba a Juan Ramón, se perdió el paralelismo de las visitas. Jonás, por supuesto, no se sentía culpable de lo uno ni de lo otro. Jonás padecía una ausencia casi patológica del sentido de la culpabilidad, o sea que no tenía valores morales. Pero sí veía estéticamente, simétricamente (la arquitectura le apasionaba), que monjas y putas son una misma cosa: mujeres en clausura consagradas al culto del Macho, Cristo o el soldado de rayadillo, seguramente más cristo el soldado que todos los Cristos.

Se entraba en la calle de las Mártires, con cierta violencia en el giro, se dejaba uno a la espalda a los Reyes Católicos y a Cristóbal Colón, que quebraba definitivamente el viaje hacia las Claras, y subía uno los tres escalones de piedra del bar rojo donde pasaba Afrodita Anadiomenes, desnuda como toda la vida, las tediosas tardes de los lunes:

—Ay los lunes, Jonás, si no fuese por ti, niño.

«Lo tan real, hoy lunes», había escrito el gran poeta local. Y lo tan real, para Jonás, era el cuerpo de Afrodita, cuerpo sobre el que habían llovido, nevado, escarchado treinta años de calendario y muchos siglos de mito. Cuerpo por sobre el que habían pasado los mozos del pueblo, los señoritos de la casa, los capitancitos de África, algún cadete borracho, los hermanos de Jonás y puede que algún criado anónimo.

Pero quizá todo esto es lo que buscaba Jonás en Afrodita Anadiomenes. Lo que la mujer tiene de palimpsesto de los hombres, el cómo la hermosea y la gasta el uso de los hombres, y el cómo va quedando todo grabado en ella, como el tiempo en el cuerpo/tronco de los árboles. Pardales y soldados, en cambio, no dejaban ninguna señal en la puta mitológica.

Jonás, en fin, no sólo gozaba el cuerpo de Afrodita, sino sus inicios de infancia, las señales del tiempo, suyas y de otros hombres, el fulgor de África y el tatuaje invisible del amor.

—Afrodita.

—Qué.

—Ya sólo puedo acostarme contigo en esta vida.

—Eso me gusta, Jonás. Aunque no creo que sea verdad. Pero ya nadie me llama Afrodita en el oficio: me llaman Carmen. Lo de Afrodita les daba risa; no sabían lo que era.

—Yo he venido hasta aquí buscando a Afrodita Anadiomenes, el mito desnudo de mi infancia. No otra cosa.

—Y lo encuentras. Y lo encontrarás siempre. No te entiendo muy bien, pero sé lo que quieres, que no es sólo fornicar.

Y Afrodita volvía a besar y acariciar a Jonás como el niño que fue en sus brazos.

—Quisiera hacer algo por ti, Afrodita...

—No. Mi sitio es éste.

Después del amor, en el lecho limpio y revuelto, bajo el cielo abuhardillado y cercano, con el rectángulo de una ventana abierto al mundo, Afrodita le preguntaba a Jonás por las incidencias de la casa, con pormenores de criada. Jonás iba contestando pacientemente a todo, mientras miraba el ventano intemporal y recordaba las palabras del poeta: «Un infinito enmarcado.» Eso tenía que ser su vida, un infinito enmarcado, una libertad controlada, una gloria fabricada y no casual.

Qué lejos, entonces, de la pobre Afrodita, que suspiraba por otra vegada.

—No, Afrodita, tu niño no es un superhombre. Enséñame tu plumier de recuerdos antes de irme.

Y Afrodita Anadiomenes saltaba de la cama, museísticamente desnuda, blanca y tatuada, y traía el plumier de su biografía, fotos de niña, fotos de Jonás niño, fotos de un legionario con quien al parecer tuvo algo, cintas bellas, ajadas y de colores inéditos (ese color que da el tiempo a las cintas), botones que se le habían perdido a Jonás un día, los botones de nácar de sus blusas amarillas e infantiles, plumillas pico de ave que quizá habían pertenecido a la primera caligrafía de Jonás (o del hermano torero, quién sabe), horquillas rubias y crónicas del Diario Pinciano donde se contaban los viajes de don Hernán Hernández, a caballo, el caballo Lucero, a través de toda Europa, para cazar el oso blanco con los zares de la Santa Rusia.

TOMASITO García Areces era bajo, torcidillo y filósofo. Fue el tercer amigo decisivo en aquella etapa de la vida de Jonás. Si Juanito era, un poco, el modelo a seguir, y Leandrito era el contramodelo, Tomasito García Areces era el ángulo máximo del triángulo isósceles de los tres amigos. Tomasito era de Tarancón, sólo leía las encíclicas de los Papas y la Teología, que se la tenía ya muy repasada y aprendida, ya que la Teología es una cosa que varía poco, que ha variado poco desde Santo Tomás y el tomismo, quiere decirse. Por el palacete de los Hernández ya no iban guerreros ni cadetes. Los guerreros se habían vuelto a África o andaban muriendo por los hospitales de la ciudad, mayormente la Cruz Roja. En cuanto a los cadetes, habían perdido casi todos sus prestigios tras el paso de los capitancitos, de modo que andaban como sombras empalidecidas y enmedalladas, los días de salida, por los últimos alberos de la ciudad. Demasiado finos para las putas y demasiado desprestigiados para las señoritas de la acera de las Recoletas.

Jonás comprendió lo que ya sabía: que allí donde se aglomeran muchos hombres es que hay una mujer, aunque se hable de guerra, patria, negocios, dinero, juego, alcohol o política. En el palacete de los Hernández sólo quedaban tres mujeres: bisabuela Leonisa, eterna loca (quizá la locura no sea sino un asomarse a la eternidad), la Ino, díptera y vieja, y Algadefina, tísica.

O sea que no iba nadie.

Jonás, así, se iba haciendo el dueño de la casa. ¿Y las otras mujeres? Jonás no sabía si no iban las mujeres porque no iban los hombres, o a la inversa. En todo caso, le aburría el eterno juego del galanteo, colectivo o individual, «la divina pelea», que diría un escritor de derechas, y encontraba mucho más fácil y natural acostarse los lunes con Afrodita Anadiomenes, tatuada de pardales y soldados que a los quince días iban a morir en África. Pero todos tenían en los ojos el fulgor de África (el fulgor del Imperio, cosa de señoritos), cuando echaban el último polvo de su vida con A/A, más conocida en el oficio por Carmen o la Carmen.

Jonás reunía en casa a sus amigos, Juanito y Tomasito García Areces, los domingos por la tarde, cuando sabía a Afrodita aforrada de machos. La Ino les servía té, coñac, pastas, polvorones, mantecadas de Portillo, cosas. Primero, Juanito tocaba el piano, con aquella cosa que tenía de Chopin con chaqueta de ojo de perdiz, a lo Don Alfonso XIII.

Y, efectivamente, Juanito tocaba a Chopin. Jonás, entre el coñac y la rivalidad, se iba llenando de odio hacia aquel amigo que no era sino un *yo* mejor o peor, pero tan paralelo. Juanito tocaba el piano y él hacía versos. Era la única diferencia. Jonás no sabía si Don Alfonso XIII, cuando su visita a la ciudad —¿fue en el año sin tiempo?—, había violado o no a la tía Algadefina, pero la idea se le hacía insoportable. Y Juanito sí que era como un hijo natural de Don Alfonso XIII.

Chopin llenaba el palacete, la tarde y el domingo

con su «mejor música», ya diagnosticada por Gide, un romanticismo que a Jonás le llegaba al alma enfadada. Tomasito García Areces se comía las uñas sucias, visiblemente incomodado, impaciente por glosar la última encíclica del último Papa. La religión y la música, tan unidas en la Historia (la música como instrumento «mágico» de la liturgia), se separaban en el pequeño teólogo de Tarancón, que prefería la prosa de los documentos papalicios.

Jonás contemplaba la escena y, superando sus *sentimientos encontrados* (como había leído que se dice en las novelas), llegaba a la conclusión de que él, con la ayuda del tiempo, había limpiado la casa de timbas, fornicaciones, borrachos, vino y sangre.

Aquello de los tres era mucho más culto. Pero Juanito era pleurésico. Juanito se cansaba pronto de tocar a Chopin, empezaba a fatigarle la pleura (y esto le daba una mayor identidad con el famoso romántico). Entonces giraba en la banqueta, sonreía a los tenues aplausos de los dos amigos y venía a sentarse con ellos para tomar otro café que le traía la Ino (el alcohol le estaba vedado, como a todo tísico).

Jonás veía un peligro en Juanito, no sabía cuál, pero el amigo le atraía tanto como le repelía.

—Tocas a Chopin casi tan bien como yo hago los versos.

—Tú creas por ti mismo, Jonás. Yo no hago más que interpretar; y, como veis, me canso en seguida.

Encima era elegante, el tío.

—Yo no creo nada, yo no invento nada —decía Jonás—. Yo estoy en el aprendizaje, entre Rubén, Baudelaire y Juan Ramón Jiménez. Yo creo en el plagio porque hay que empezar plagiando para liberarse de los maestros de juventud y ser uno mismo.

—Y yo plagio a Rubinstein, hijos míos. Lo único que hago es tratar de tocar a Chopin como lo toca Rubinstein —decía Juanito, abriendo las manos generosamente y sonriendo con simpatía y una muela de menos bajo su gran nariz judeo/romántica. Al mismo tiempo que abría las manos, Juanito abría los pies. Los abría también para caminar. Por ahí fallaba su dandismo, y esto le alegraba a Jonás, porque Jonás sabía que ambos iban para dandies, y desde entonces puso su vida a una sola carta: llegar más lejos que Juanito, ser más pianista que el pianista (pianista de otras cosas), derrotar, superar a su modelo.

Romper el espejo.

Rubinstein. Otro acicate, otra inquietud para Jonás. Rubinstein sale en la gran novela de Proust, que Jonás estaba empezando a leer en francés, aún no traducida al castellano por José María Quiroga Pla (luego la traducirían otros muchos, entre ellos el poeta Pedro Salinas). Proust había escuchado a Rubinstein. Era un mundo que Jonás adoraba y en el que Juanito se le adelantaba (también aquí), con su entendimiento y reproducción de Rubinstein. ¿Y si Juanito, incapaz de entender a Proust, hubiese podido deleitar a Rubinstein tocando a Chopin? Todo se le hacía intolerable a Jonás, y como Jonás era de los que huyen hacia adelante, desde una de aquellas tardes de domingo, tan cultas y tranquilas (en otros salones de la casa se estaba celebrando el lúgubre sarao de bisabuela Leonisa con Marcela y las demás amigas), desde una de aquellas tardes, sí, Jonás se fijó el propósito, como ya se ha dicho, de superar a Juanito en la vida, en el arte, en el amor, en todo. Cuántas glorias personales nacen de este afán casi doméstico de sobrepasar al padre o al amigo.

Juanito tosía lo reglamentario y se tomaba su té o su café.

La segunda parte de la reunión (así estaban convenidas tácitamente las *soirées*) la ocupaba Jonás leyendo sus últimos versos, siempre entre el alejandrino de Baudelaire (el alejandrino es la medida natural de la lengua francesa), el agudo esquematismo de Juan Ramón y el derramamiento de Rubén Darío, que le devolvía, interiormente, a aquella mañana de domingo en que tía Algadefina (su madre, su tía, su amor, su vida) le había llevado de la mano a escuchar al gran poeta por voz de Berta Singermann.

A Juanito, naturalmente, le gustaban los poemas rubenianos por encima de los otros (que no entendía), y Tomasito García Areces seguía comiéndose las uñas negras, uñas que presagiaban ya al intelectual clerical, o a la inversa.

La tercera parte de la reunión estaba a cargo (tercera y última), asimismo tácitamente, de Tomasito García Areces, quien sacaba un ejemplar de *Le Croix, L'Aurore* o algún otro periódico francés, reciente, para entrar en debate sobre el estado del catolicismo en el mundo, con mucho Maritain, mucho Guardini, mucho Kierkegaard y mucho Heidegger. Juanito vivía una religión simple, que le llegaba directamente por la música. Jonás no vivía ninguna religión, pero los dos amigos entendían que Tomasito tenía mucho que enseñarles y que, escuchándole, se enteraba uno de cosas, cuando menos.

Eran la música, la poesía y la religión. Eran las tres gracias en macho y sin Botticelli (mayormente Tomasito). Pero esto no lo sabían. Un día, un domingo, al cabo de una larga discusión entre la fe de Tomasito, apuntalada de homilías papales, la fe de Juanito, directa y musical, y el escepticismo de Jonás, el pequeño teólogo soltó una cosa definitiva:

—Hijos míos, como diría Santa Teresa, «sois una pura oscuridad». Allá vosotros. Os diré que vuestro piano y vuestro Baudelaire no hacen sino añadir misterio al misterio, confusión a la confusión.

Jonás estuvo pronto en la respuesta:

—Tomasito, has invocado a Santa Teresa, que llega a Dios por el éxtasis. No es tu caso. Tú comes papel vaticano, te alimentas de papel. El piano y Baudelaire están mucho más cerca de Dios, si es que hay Dios, que tus encíclicas en latín muerto. En cuanto al misterio, no hay Dios que aguante sin misterio. No nos vas a hacer ahora católicos por el sentido común, que eso no pega. Y en cuanto a la confusión, eso sólo quiere decir que no entiendes a Chopin ni a Baudelaire.

Juanito se puso en pie, fue hacia Jonás y le abrazó. Estaba entusiasmado por la rotunda defensa del irracionalismo, religioso o no, que había hecho su amigo, contra el eruditismo de Tomasito García Areces.

Pero, en el fondo de aquel abrazo profundo, Jonás (tan vil), sentía la identificación con el pianista pleurésico como un reto. Jonás se sabía único y bastardo, y la bastardía se había convertido en su escudo. Durante el tiempo breve y eterno de aquel abrazo, Jonás se desplazó del complejo de bastardo al complejo de único, que parece lo mismo, pero es otra cosa. El complejo de triunfo, la necesidad de exterminar al igual exterminando el mundo: triunfando. Todo muy sucio y turbio, pero qué soberano impulso.

Luego pusieron un disco de Bach y en Bach se reconciliaron los tres. Como todos los domingos.

Era una oficina de seguros francesa en la que tenía acciones la familia Hernández, de toda la vida, como ya se ha dicho, desde los tiempos de don Hernán, y allí colocaron a Jonás, o se colocó él mismo (le esperaba una silla vacía desde mucho tiempo), después del «notable» de don Ramón de Rioseco a su campesina caucasiana, cuando comprendió que no se iba a ganar la vida pintando y que lo suyo (para comer o para pasar hambre, esto según venga) era la literatura. De modo que Jonás cambió la Escuela de Arte y Oficios Artísticos, aquel casón alegre y triste, por la oficina de caución y reaseguros, departamento de correspondencia (de contabilidad sabía poco), que era lo que mejor le iba, dado su facilidad para la caligrafía y la mecanografía. Las cartas comerciales eran todas la misma, y Jonás se divertía metiendo un adjetivo o un adverbio inesperado, pero «comercial», entre la grama de aquella prosa. La oficina era blanca, rectangular, clara y matinal, con una lucerna de polvo eterno y pájaros muertos, y una imprenta en el patio de la casa, imprenta que acercaba su rumor aceitado y creativo al oído literario de Jonás, hora tras hora, como la sirena de la literatura, que le llamaba.

En esta imprenta, por mayor tentación, trabajaban sólo mujeres (excepto el dueño), jóvenes muchachas en combinación o maduras y maternales y atrayentes mujeres morenas en bata azul.

Lo que más le gustaba a Jonás, a la hora implícitamente concedida del almuerzo (de once a once y cuarto, un cuarto de hora para comerse un bocadillo, beber agua del lavabo, lavarse las manos, mear y leer la Prensa deportiva, o comentarla), era salirse al patio a beber del botijo de las oficialas de la imprenta, botijo fresco en verano e invierno, siempre a la puerta del taller, como el gato que el taller no tenía:

—Ya está aquí el niño Jonás a bebernos el botijo.

—Si queréis, os lo vuelvo a llenar.

—Deja, que a lo mejor te mancas.

Y le cogía el botijo una oficiala adolescente, delgada, morena y un poco bizca, que a Jonás le gustaba mucho: de nombre Estrella. Y Estrella se iba a por agua. Jonás, pues, se tomaba el bocadillo (de tortilla francesa, mortadela, pescado, etc.) con las mujeres de la imprenta, mejor que con los futbolizados compañeros de oficina.

Un día les pidió ver la imprenta por dentro, que era profunda, grata y laboriosa. El suave girar de las máquinas dulcemente engrasadas por aquellas mujeres, la ingencia de los bloques o las bobinas de papel, con su olor soso y fascinante, los impresos que salían ya hechos: esquelas de defunción, recordatorios, primeras comuniones, anuncios y octavillas del comercio local, alguna revistita universitaria.

De modo que así se hacía la literatura. Había todo un mundo de máquinas y gente dedicado a imprimir, a convertir en realidad los fantasmas de lenguaje que se inventa uno. Igual que se hace un recordatorio se hace un libro. O sea que la literatura existe, se decía Jonás, es una presencia entre las presencias del mundo, de un mundo tan presente. O sea que la escritura es un valor de uso y de cambio (escasas lecturas de Marx en mal francés). «De modo que yo pertenezco al mundo de los hombres, a la sociedad, yo puedo producir libros, artículos, cosas que luego tienen un valor de compraventa.» Y estas reflexiones no quieren decir, naturalmente, que a Jonás le preocupase el aspecto mercantil de la literatura, pero sí lo que ese mercantilismo tiene de aceptación de la literatura por la sociedad. «Uno puede ser escritor y le aceptan como si fuese agente de seguros, que es lo que tengo más cerca.»

Le enardecía por dentro, en fin, la comprobación de que existe, en la sociedad industrial, *la literatura como mercancía*. Pero su enardecimiento no era mercantil, claro. Era la puesta en limpio de sus fantasmas, demonios y ángeles interiores. Todo escritor vive de esa fama, y hay una industria, tan seria como la industria textil, que hace realidad concreta las vaguedades que uno ha pensado un domingo por la tarde.

Luego el mundo no está tan mal hecho. Suaves manos femeninas, tan molidas, ay, por la máquina, iban haciendo realidad el proceso de la escritura (las mujeres cobraban menos que los hombres). Y esto hacía aún más dulce el descubrimiento. Jonás vivía el olor del aceite y el sudor femenino, respiraba el aroma salado y soso del papel ingente, escuchaba el girar casi musical de las grandes y pequeñas ruedas, pensaba que todo aquello estaba trabajando ya para él, para su escritura venidera.

Estrella, la niña bizca y bella, volvía con el botijo lleno, y Jonás le pedía un último trago, sin sed, sólo por intercambiar algo con ella.

—Eres hermosa, Estrella. Y me gusta tu nombre.

—Usted es un señorito que trabaja ahí en la oficina y yo tengo novio artesano.

—Perdona, Estrella.

Jonás volvía a su mesa de correspondencia, a su máquina de escribir, una Underwood negra, alta y suavizada por el uso, engrasada por la costumbre. Las minervas de la imprenta seguían acompañándole en el trabajo.

Jonás entraba en la oficina a las nueve de la mañana y lo primero que hacía era limpiar el cristal de la mesa, sobre la limpieza que una hora antes había hecho la limpiadora. Jonás resulta que llevaba dentro un burócrata, un pequeño escribiente florentino, sin saberlo. O quizá fuese, más bien, que Jonás quería, consciente o inconscientemente, arrinconar su trabajo burocrático, anularlo mediante el orden, destruirlo mediante la disciplina. Le asustaban las mesas de los otros, siempre reventonas de letras de cambio, recibos, pólizas y libros de contabilidad abiertos, como Antiguos Testamentos de la verdadera ciencia judía, los números. Veía a sus compañeros devorados por la burocracia, comidos por el papel, como en una rebelión callada y constante del papel, que siempre duraba más que ellos, como la oficina dura más que los oficinistas. Jonás, por el contrario, pretendía mantener su vida exenta, a salvo de todo aquello, y se repetía continuamente casos de grandes escritores que primero habían sido burócratas. O quizá toda su vida. El secreto estaba en enviar sólo una mínima parte de sí mismo a cumplir con el oficio y ganar el sueldo, reservándose el resto, en cuerpo y alma, para leer y escribir. Jonás, que andaba por los lirismos de Juan Ramón y el nuevo grupo gongorino recién nacido en Sevilla —Gerardo Diego, Vicente Aleixandre, el ya famoso Lorca, Juan Larrea, Alberti, Luis Cernuda, Bacarisse, tantos—, más los surrealistas franceses, de Breton a Paul Eluard, de Queneau a Aragon, no tenía ojos literarios para gustar el material novelístico de la oficina de seguros, aquellos hombres cenizosos, repetitivos e indolentes, el director don Wamba, gritador y lleno de paquidermia verbal, su dulce compañero de negociado, Monroy, rubio, poco lavado y tísico (murió en seguida), el interventor, don José, erguido, gatuno, avizor, cruel y numismático, Montánchez, el oficial primero, que iba a la oficina con zapatillas de cuadros porque se le hinchaban los pies, y que murió en lo alto del pupitre, dormido invernalmente sobre su inmenso Libro Mayor, con la pluma de los asientos en la mano morada y torcida por la artrosis.

Con los años, Jonás comprendería que allí había una novela, la novela de su primera salida al mundo, una novela dickensiana, pero Jonás no estaba muy seguro de que le apeteciese escribir novelas dickensianas.

Las tardes, Jonás las perdía en el río, con una barca y un libro, asombrado de la coincidencia entre los poetas y la vida, mirando con ojos literarios los crepúsculos que llenaban el cielo del Puente Mayor al Puente Colgante.

El año de la riada la gente se paseaba en barca por toda la ciudad, como en un Amsterdam castellano o en una Venecia románica y militar.

Los más audaces llevaban a sus novias, en la barca, hasta las proximidades de la Esgueva, donde la corriente era grandiosa y arrastraba en sí huertos enteros, con sus huertanos y sus perros y sus palanganas, esa palangana que siempre flota. Algunas barcas volcaron en la Esgueva, muriendo los ocupantes. Del mismo modo que Dios tardó una semana en hacer el mundo, parecía que sólo iba a tardar otra en deshacerlo.

Jonás, alguna mañana o alguna tarde, sacó a tía Clara o a tía Algadefina a pasear en barca (las barcas las alquilaba la Oliva por toda la ciudad), y tía Clara iba erguida y de velito, mirándolo todo por encima del hombro, como una turista elegante. Qué Venecia hacía ella de la ciudad, qué góndola hacía de la barca.

La riada sacaba de tía Clara todo lo que ella tenía de turista en su propia ciudad, como lo había tenido siempre (por eso acabaría yéndose a Madrid). Tía Algadefina, por el contrario, hacía de la barca una fiesta y, en cualquier caso, Jonás exhibía su pericia y resistencia de remador (el único deporte de su vida) ante sus tías/madres, aunque nunca las paseaba a las dos juntas, ya que eso hubiera significado peligro de hundimiento, pese a que las dos eran delgadas. Tía Algadefina gustaba de remar ella misma un rato, después de que Jonás la enseñó, y eran como una pareja de novios cambiándose los papeles, en aquella naumaquia fúnebre, alegre y populosa de la riada, tan llena de barcas azules, verdes, rojas, amarillas, marrones, más las viejas barcazas de los bomberos y otros cuerpos dedicados a remediar la catástrofe.

Había muerto bastante gente, pero las ciudades son así (esto se ve en la guerra: se estaba viendo con la de África: vivos y muertos hacen su fiesta en la hoguera de la muerte o de la vida, antes o después, porque lo sobrenatural en seguida se vuelve cotidiano, y el terror se hace tratable y a la alegría hay que meterle alegría, para que no se quede monótona).

Entre sombras de buscacadáveres y elegantes sombras de turistas en su propia ciudad, Jonás y Algadefina bogaban y se miraban a los ojos, y ella estaba bella en el esfuerzo de remar, un esfuerzo que la hacía más rubia, pero le agravaba sus males secretos, poniendo esto alguna oscuridad entre tanta luz como se hacía siempre entre los dos.

Teté Caravaggio, de las Caravaggio de toda la vida, también se paseaba mucho en barca con su galán, según se ha contado, y ella era un poco la Afrodita surgida de aquellas aguas, la gorda alegórica de la tragedia y la comedia, pues que a ella le había traído un novio, un gran amor, la riada de la Esgueva.

Las Caravaggio habían recobrado presencia en la ciudad gracias a la riada y la niña había encontrado partido. Se paseaba con Fernando Sánchez Heredia y Sánchez en una barca verde (Jonás creía recordar que verde), y él era uno de esos altiricones de cabeza pequeña que no acaban de resultar marciales.

En todo caso, Jonás y Algadefina, cuando se cruzaban con ellos sobre el fondo plateresco de San Pablo o San Gregorio, no dejaban de reconocer que Teté Caravaggio, de las Caravaggio de toda la vida, era la Venus gorda, rubensiana y adolescente de la gran naumaquia alegre y triste de la riada.

Bisabuela Leonisa, loca y eterna, reinaba en sus esparcidos mundos del pimentón y el azúcar, del aceite enlagunado y el apio repartido, caos que la Ino ya no se ocupaba en organizar ni recoger. Bisabuela Leonisa, loca y eterna, loca y muerta, loca y viva, loca y loca, recorría la casa —escaleras y corredores, buhardas y sótanos, salones y cocinas— con un escopetón de perdigones en la mano, desde la noche en que sorprendió a don Gonzalo Gonzalo tratando de poseer a tía Algadefina, y le mató.

Bisabuela Leonisa, las trenzas de ceniza, los ojos grandes, abultados y equinos, el labio inferior caído, siempre babeante de miel o vino, con largo camisón de novia, los pies desnudos, pies de Cristo/momia, Bisabuela Leonisa, se dice, patrullaba silenciosamente noche y día, vigilando el honor y la honra de las mujeres de la casa, cuando ya no había mujeres en la casa (ni hombres que pudieran forzarlas), salvo la Ino y tía Algadefina. Y fue cuando Jonás tuvo la idea novelona, enredada, torpe y vil: yo propicio un encuentro de tía Algadefina con Juanito, le meto en la habitación de la enferma, aviso a bisabuela Leonisa y ella le mata, como mató al otro.

Le daba vergüenza estética pensar una cosa tan antiestética, y, por otra parte, iba comprendiendo que su vocación nacía viciada, o se había viciado en seguida por una rivalidad que sólo él establecía. Juanito, hijo de militar muerto en África, era como un cadete de paisano, tenía algo de cadete que no había hecho la carrera por la pleura. Y Jonás odiaba a los cadetes.

Su obra, nacida de una pequeña venganza juvenil, saldría torcida, turbia, malvada, innoble, violenta y dura. Pero Jonás no estaba muy seguro de que todas estas cosas le repugnasen: más bien las encontraba eficaces y reales, hermosas y sombrías, para dar a la luz una obra sobre el Mal. «Prefiero esto a que mi escritura nazca del bien; el bien son las Claras y sus monjas muertas y hablantes.»

Bisabuela Leonisa era el padre de Hamlet apareciéndoseles a los aparadores y clamando muda venganza contra no se sabía quién. La Ino se estaba en su buharda, remendando calcetines de señoritos que ya habían muerto. Jonás invitaba los domingos a Juanito, Leandrito y Tomasito (a Leandrito lo excluyó pronto, por tartamudo y radiofónico: acudía a las reuniones con una radio de galena). Se tocaba el piano, se recitaban versos, se aprendía un poco de teología, o párrafos en latín de las encíclicas papales, con la erudición de Tomasito.

Tía Algadefina, en su alta alcoba de cielo y espejos, de libros y aire puro (la habían trasladado de la vieja alcoba italiana, sombría y húmeda), vivía ya como después de muerta, estilizada referencia a sí misma en los espejos; vivía esa muerte clara y sin pulso que se vive antes de la muerte, y que supone la única posibilidad de gustar un poco del morir, más conocido como *más allá*.

Jonás subía a verla de vez en cuando (el médico le recomendaba no frecuentar demasiado a la enferma y su contagio). Se contaban cosas, recordaban cosas, se leían versos uno al otro, siempre la cama esparcida de libros. Jonás le traía de la calle a su tía los últimos descubrimientos de la librería local.

—¿Te acuerdas cuando me llevaste a oír a Berta Singermann?

—¿Te acuerdas cuando se suicidó el cadete Pencos y se saltó un ojo?

—¿Te acuerdas...?

Se enredaban en interrogaciones que eran las enredaderas de su memoria común y de los días y los años vividos bajo el fulgor de África. Tía Algadefina estaba blanca, rubia, lacia, con el pelo largo, los ojos excesivos y las manos como palomas con fiebre.

—Jonás, niño, cuéntame otra vez el duelo de Pencos y don Gonzalo. Me parece una cosa como leída en una mala novela romántica...

Tía y sobrino, o madre e hijo, eran un poco cínicos. Dos hombres habían muerto por aquella mujer y ella lo recordaba como el argumento, amarillo de tiempo, de una mala novela vieja. Pero Jonás la adoraba por esto mismo, reconocía su cinismo naciente en el cinismo de tía Algadefina.

—¿Y quién toca a Chopin tan mal ahí abajo?

—Un amigo, tía, Juanito, un cursi que adora a Chopin y no lo entiende. Un huérfano de militar que cree en la causa de África.

Y se cogían las manos con un amor que no tenía nombre y Jonás se sentía ya vengado, «¿quién toca a Chopin tan mal ahí abajo?», y besaba, uno por uno, los diez dedos virginales, impuros y esbeltos, ya con mucho anillado de hueso, de la tía Algadefina.

CAMINO, un lunes, del lenocinio de Afrodita Anadiomenes, más conocida por Carmen en el siglo, o fuera del siglo, que es donde estaban sus reinos o servidumbres, Jonás pensaba en los soldados de África, pardos, torvos y heridos, que pasaban a través de aquella mujer sin romperla ni mancharla, a través de su cuerpo de ónice menestral sin enturbiarla. A aquellos soldados no les llegaba el fulgor de África, como a los capitancitos. Aquellos soldados (muchos de ellos en el sentido literal, «soldados» por una soldada, por un sueldo), sólo traían sombra y tierra en su alma sedienta y en su cuerpo desvencijado. «La guerra sigue siendo para los señoritos», se decía Jonás. «Ellos mueren como los otros, aunque menos, pero ellos se aureolan con el fulgor de África.»

Una tarde, en el tílburi, cortándole el paso, bisabuela Leonisa, en camisón, con pamela y el escopetón al lado.

—¿Adónde vas, bastardo? ¿A visitar a esa meretriz? Por meretriz la eché de casa, para que no te corrompiese, y ahora vienes tú a holgarte con ella. Anda, sube, que volvemos a casa. Esa mujer, además del pecado, tiene en sí todas las plagas de los moros, que son raza maldita por Dios.

Jonás, subido en el tílburi, de vuelta a casa, iba recordando aquella ignota tarde de la infancia, cuando se escapó por los caminos y la abuela/bisabuela le cazara en seguida. Doña Leonisa conducía el coche y los caballos con la misma energía que entonces, una energía hecha de latigazos, perfil colgante y recio, vuelos del viejo camisón (como una Victoria de Samotracia que hubiese llegado a vieja).

También recordaba Jonás, en su paseo de retorno, humillante paseo, la primera vez que se encontró a solas, en una habitación cerrada, con el cuerpo desnudo de Afrodita Anadiomenes. Fue como cuando, en la infancia, le encerraron a solas con el caballo, con aquel grandioso caballo bueno. Los caballos se transforman en mujeres desnudas con el paso de la memoria, y las abuelas siguen siendo abuelas, porque no están fraguadas en la corriente del tiempo, sino en la figura de la Historia (su *Memorial*).

Pero he aquí que bisabuela Leonisa torció el rumbo, a mitad de camino, y Jonás le preguntara, tras el esquinado balanceo y la casi caída:

—¿Adónde vamos, bisabuela Leonisa?

—A la catedral, a visitar el cuerpo incorrupto de mi padre, para que reces ante él y te redimas de tu culpa.

La catedral estaba solitaria y morada a aquella hora de la media tarde. Bisabuela Leonisa paró el tílburi y bajó a tierra, atando los caballos al mismo árbol en que el cadete Pencos sujetaba su cabalgadura cuando llevaba a tía Algadefina a misa de una, el año en que no hubo tiempo.

Pero bisabuela Leonisa tuvo que cogerse del brazo del bastardo para subir la grande y escorada escalinata de piedra. Al entrar en la nave, ella se bajó el velo de la pamela sobre el rostro. Iba en camisón, ya se ha dicho, y casi parecía una novia vieja que fuese a casarse con Dios, que es tan viejo.

En el extremo de una capilla estaba el cuerpo casi desnudo de don Hernán Hernández, embalsamado por la familia, en la entreduda popular de si era santo y se mantenía incorrupto. Se arrodillaron en las duras y frías losas, como sobre sus propias sepulturas, y la bisabuela le rezaba a su padre mientras Jonás pensaba en Afrodita, que le estaría esperando, como todos los lunes.

De vuelta definitivamente a casa, Jonás se preguntaba, criminalmente, cuándo le llevaría él el vaso, la pócima de don Martín Bellogín, o mejor del médico de cabecera, a bisabuela Leonisa. Quería terminar de una vez con el memorial de la familia. Quería empezar «su Obra».

EL DÍA en que la tía Clara se fue a Madrid, a trabajar en la oficina de un tal señor Azaña, que al parecer era hasta republicano, todo el mundo de los Hernández se reunió en la estación. Tía Algadefina, la propia bisabuela, el bisabuelo Cayo, el abuelo Cayo, el padre Cayo, el hijo Cayo, el nieto Cayo, la tía María, que no pintaba nada, las tres criadas (Afrodita no, porque a una estación no se puede ir desnuda, salvo en los cuadros de cierto pintor belga que Jonás ya iba conociendo), la prima Marta, Delmirina, su hombre torcido, la Poti y el suyo, María Luisa y María Eugenia con sus novios de aquella semana, los cadetes vivos y los cadetes muertos, los capitancitos muertos y los capitancitos vivos, y mucha más gente.

Tía Clara se había puesto aquel abrigo ceñido y largo, con inmenso cuello de piel, que le daba la majestad de llevar un león al cuello, el sombrero negro de medio velito que envelaba sus ojos castaños, dorados y tristes, sus más finos zapatos de pulsera y su relojito de oro puro y horaje diminuto. A Jonás, que ya era un hombre, le despidió con el abrazo y los besos que se le dan a un hombre, pero luego le dijo:

—Te escribiré mucho, mi niño.

El tren era azul y venía del Norte, como de Europa. Jonás pensó que el tren de tía Clara sólo podía ser azul. Y había visto pasar, inconfundible entre los otros equipajes, el equipaje de tía Clara, llevado por los mozos de blusón: sombrereras azules, maletas azules, maletines azules, cajas azules. (Entonces comprendió, demasiado tarde, cuando la perdía, ay, que el color de tía Clara era el azul, aquel azul tan suyo, tan personal, tan indefinible, aquel azul más allá del azul y de lo azul, aquel azul de sus habitaciones que no se sabía de qué color eran, aquel azul/ceregumil que tampoco era ceregumil: «Es un azul inexplicable, pero yo sabré explicarlo en un poema», se dijo.) Por fin, los guantes azules y delgadísimos de tía Clara, con su perfume azul.

Y el tren azul partió hacia Madrid. Tía Clara se iba a servir a un importante señor Azaña, se iba a servir a una venidera e imposible República. Jonás aún no sabía muy bien lo que era todo eso, pero le enorgullecía tener una tía/madre que se metía de lleno en la Historia, en aquella braña/breña de Madrid y sus políticas, lo que en provincias llamaban «la farsa del madrileñismo», sobre todo en el periódico local de los obispos.

A la salida de la estación, a Jonás la ciudad se le quedó vacía. Vacía de madre, vacía de tía Clara, vacía de ella, vacía de mundo, vacía de cielo, vacía. ¿Es que iba a ser siempre, ya adulto, el niño entre dos madres, el niño sin madre? Ya la entrada en la casa fue patética. Tía Clara estaba sin estar, como siempre. Pero ahora *no* estaba sin estar. Primero pensó en ir a sus habitaciones y llorar entre su cama y sus armarios. Luego comprendió que no podría soportarlo, soportar el perfume azul y casto de aquella mujer que presidía su vida.

Hasta que tía Algadefina le sorprendió llorando duro por los pasillos, se lo llevó en silencio a su nueva habitación de luz y latitud, y lloraron juntos, llanto contra llanto, por todo y por nada, infinitamente felices, infinitamente desgraciados.

El medio sol de la media tarde daba rojo en los altos, abiertos y góticos cristales del balcón.

La prima Marta acabó abarraganándose con el director de la oficina donde trabajaba, un extranjero de pelo blanco, delgado y seco, pero mucho mayor que ella, porque las compañías alemanas extendían ahora su imperio industrial por Europa, tras la guerra del 14, ya que les había fallado el Imperio imperial.

La prima Marta, como tantas mujeres, había pasado del amor puro y frustrado a la barraganía por dinero con un señor casado, lo cual no se sabe si demuestra la proclividad de las mujeres a la barraganía o la proclividad de los señores casados y extranjeros o nacionales a la barraganía. Algo demuestra este caso, pero Jonás no tenía muy claro el qué.

De lo que sí le servía a Jonás la parábola casi evangélica de la prima Marta (en bocas y lenguas de toda la ciudad, que a su vez era toda ella lengua y boca), era de apólogo moral y contraste entre la conducta de tía Clara, viajante a Madrid como enfermera política de un luchador por la libertad, gordo, feo y con verrugas, y la conducta de la prima Marta, que en seguida había desfallecido y, cansada de servir a señor que se le pudiera morir, eligió la comodidad de una barraganía para seguir viviendo o renunciando dulcemente a vivir.

Jonás, ahora, sabía que una mujer puede vivir toda la vida de lo que tiene entre las piernas, soltera o casada, honesta o deshonesta, y aquí descubría una de las trampas del mundo. Pero Jonás no era un moralista (aunque él creyese que sí), y todo esto, en fin de cuentas, le daba igual, aunque no le era indiferente saber que sus dos madres, tía Clara y tía Algadefina, nunca habían vivido, ni vivían ni vivirían de eso.

Y tan no le importaba a Jonás el pecado de barraganía que más de una vez se convirtió, a petición y propina de la prima Marta, en mensajero y celestineador entre la bella solitaria y el escueto alemán, con mensajes breves y pequeñitos de ella a él, cuando la *donna* estaba con la regla o le engañaba, reglas aparte, con un nuevo teniente de la Academia. Pues que la barraganía es barroca y se complica, encima (o debajo) con la traición al que paga.

Todo esto lo había leído Jonás en los clásicos, Rojas, Quevedo y otros, como mero recurso literario, pero ahora descubría que no era sino el tejido tupido y continuo de la vida española. O sea que los clásicos eran verdad. Quizá por eso eran clásicos.

«Decididamente, la literatura no enseña más que literatura, como dice Unamuno que el ajedrez sólo enseña a jugar al ajedrez. La literatura no se hace verdad hasta que uno no la contrasta con la vida. Claro que la literatura tampoco necesita ser verdad, sino *su* verdad.»

Casa de la prima Marta, recoleta y con un jardincillo previo y empolvado. Casa como de muñecas, de aquella muñeca grande, hermosa y pervertida que era ya la prima Marta. Casa del señor alemán del pelo blanco, o mejor oficina, con suelos encerados, alfombras y laboriosos silencios. Olía a cera roja y máquina de escribir. El alemán daba la mano a Jonás de una manera casi militar, abría y leía despacio la pequeña carta, perfumada y rosa, de la prima Marta, y Jonás, sentado ante él, no descifraba en aquel rostro extranjero, exento de la gestualidad española, si se había creído o no se había creído el engaño, engaño que él, Jonás conocía previamente, pues que había visto un caballo africano atado en la esquina de la calle remota y recogida de prima Marta.

En todo caso, el alemán le daba a Jonás la propina de final de trayecto (más generosa la alemana que la española, como de moneda más fuerte), y Jonás debutó por entonces de cínico (lo que iba a ser ya toda la vida), haciendo de recadero de la traición y cobrando de ambos, como en Rojas, justo como en Rojas.

La ciudad había estado dividida entre africanistas y cadetes de la Academia. Más que una guerra, aquello había sido una rivalidad. Los africanistas ya volvían con la asignatura de la muerte aprobada y los cadetes aspiraban a aprobarla. Pero, mientras tanto, los africanistas despreciaban a los cadetes por *teóricos* y los cadetes despreciaban a los africanistas por *mercenarios*.

Todo esto ya se ha contado, pero Jonás lo escribía ahora en su *Memorial* familiar (cerrado, abierto, entrecerrado, entreabierto), con un conocimiento más general del innato guerracivilismo de España. Y amaba más a tía Algadefina porque no se había decantado por unos u otros (con ese fanatismo de mantilla de la mujer, que la enmantilla y ensombrece de amor y odio), sino que los había elegido hombre por hombre, sin tener en cuenta sus guerras, como niños que eran.

—Pero el cadete Pencos se saltó un ojo por ti, tía Algadefina.

—Y lo que me hizo madrugar aquel día, que me citó en el Parque Grande para asistir a su mala puntería. Menos mal que me fui antes de lo del ojo.

—Pero luego murió en duelo por ti.

—Si no existiesen los duelos por mujeres, las mujeres seríamos más libres. Yo no necesito que nadie muera por mí.

Tía Algadefina le decía a Jonás el bastardo las cosas que Jonás estaba deseando escuchar. Pero entonces era cuando tía Algadefina pasaba a la ofensiva, en su alto nido de cigüeña, casi arrodillado Jonás junto a su cama, cogidos de las manos, encadenados por la fiebre de la enferma:

—Ya sé que visitas a Afrodita Anadiomenes en su casa de putas, Jonasito.

—Bueno, cuando la echasteis de casa me pidió que fuera alguna vez por allí, a verla.

—Yo no la eché, Jonasito. La echó la bisabuela. Que, por cierto, te cogió una tarde de camino, te llevó a rezarle a don Hernán y te volvió para casa.

—¿Por qué tenemos a don Hernán en la catedral, tía?

(Jonás aprovechaba este desvío de la conversación.)

—El arzobispo está haciendo gestiones con el Nuncio de Madrid, y el Nuncio con Roma, para que beatifiquen al tatarabuelo.

—Qué locura, tía...

—Qué quieres, los Hernández necesitan antepasados santos, beatos, almirantes, inquisidores... Como todas las familias. Una familia son sus muertos.

Y rieron juntos.

—No, tía, una familia somos tú y yo.

—Tú y yo somos más que una familia.

Y le besó raudamente en la boca.

—No me vuelvas a consentir que te bese. Estoy tísica.

—Quiero que me beses más.

—Loco.

—Amor.

—Sabrás que Marcela, la del bocio, anda diciendo por toda la ciudad que lo nuestro es una cosa incestuosa (ella dice «incendiosa»). Es lo que le sale del bocio.

—Qué asco. La próxima vez que entre en esta casa, le reviento el bocio de una patada.

—No, déjala, le hace compañía a la bisabuela. No es ella la que inventa. Es su bocio.

Se besaban ya en la boca, con una pasión que no era sino fiebre, con una fiebre que parecía pasión, y Jonás bajaba de la límpida y resplandeciente buhardilla de la enferma como del cielo, sin saber si estaba pecando con su madre, con su tía, con una muerta o con una viva.

Delmirina y su hombre se casaron y en la casa hubo fiesta y baile, y la Poti tocó el piano, pero fue una fiesta de brigadas para abajo. Ni los capitancitos ni los cadetes se dignaron acudir (por lo humilde de la ocasión y por lo fuerte de sus rencillas, con dos muertos de por medio). Era una tarde de domingo y la casa se incendió de una luz grande y vacía, donde todos estaban borrachos y sólo la Poti comprendía que se le iban yendo los buenos tiempos, de los que a ella le quedaba un niño hospiciano. La bisabuela no salió de su despensa, ni Algadefina de su buharda, ni la Ino de la suya, que no era ella criada para servir a criados, y Jonás se fue con sus amigos a pasear por el Parque Grande, para seguir discutiendo las mismas cosas que discutían siempre.

Sólo la tía María, que no pintaba nada, se mezcló en aquel sarao de brigadas y funcionarias.

El año sin tiempo, el año en que no hubo tiempo en la ciudad, en que no nacieron niños (por eso tía Algadefina perdió el suyo) ni murieron ancianos, fue el año de la visita del Rey a la ciudad, aunque los recuerdos estaban ya muy confusos para todos, y a Jonás le daba pereza mirar su *Memorial.* (Había empezado a experimentar la característica repugnancia del escritor por su escritura.) ¿Tía Algadefina había engañado al cadete Pencos con Su Majestad Don Alfonso XIII o a Su Majestad Don Alfonso XIII con el cadete Pencos? Jonás no se atrevía a preguntárselo a Algadefina, para mayor precisión del *Memorial,* pero en todo caso, Su Majestad Don Alfonso XIII había conservado los dos ojos toda la vida.

«Mi muy querido niño:

me acuerdo mucho de ti aquí en Madrid. Este don Manuel Azaña es un señor muy bueno que quiere cambiar España, pero no me da mucho trabajo. Quien va a cambiar España es él, no yo, de modo que vivo bastante tranquila. Te escribo esta carta en la oficina. No te pido que estudies porque sé que seguirás trabajando en algo, en todo: la lectura, el dibujo, la escritura, lo que sea. Prefiero eso a que tengas una formación rigurosa y especialista, que luego los especialistas son unos analfabetos en todo lo demás. A tía Algadefina le escribo aparte. Madrid anda muy revuelto y parece verdad que aquí va a cambiar algo. Que seas bueno. A veces echo mucho de menos la paz que tenéis ahí. Ortega ha hablado de la redención de las provincias. ¿Y no estarán mejor sin redimir? Espero que los capitancitos y los cadetes os hayan dejado en paz y puedas estudiar a gusto. Habían convertido nuestra casa en un casino militar. Lo de la guerra de África lo está arreglando (en falso) un generalazo llamado don Miguel Primo de Rivera, ya sabes. A la larga, esto no servirá para nada, pero a la corta servirá para que nos dejen en paz. Cuando pienso que hasta duelos a muerte han salido de nuestra casa... Me parece leído en una novela.

A tía Algadefina, que se cuide la tos, aunque ya se lo digo yo en carta aparte. Vuelvo a escribirte en seguida, mi niño.

Con el cariño de siempre, multiplicado por la distancia, un beso a mi niño,

tía Clara.»

La Poti, con un niño en el hospicio y el brigada Nicomedes seguramente muerto bajo el fulgor de África, minuciosamente despedazado por las aves del desierto, que son muy miradas y comistrajas, la Poti, se dice, tomó el camino de las Claras, como la hija de don Lupicinio, como las hermanas de Jonás, como tantas otras.

De modo y manera que la Poti se metió de clausura y sus padres repetían, sin saberlo o recordarlo, los paseos dominicales de don Lupicinio y señora, por la acera de sol o la acera de sombra, según la estación, para llevarle un regalo a la santa reclusa (regalo que se quedaba, como es sabido, la hermana tornera) y hablar a través de la alambrada de sombra con el fantasma sepia de su hija.

Fantasma que con los años, naturalmente, se fue transformando, ajenando, extranjerizando, hasta que estos padres tuvieron la sensación de hablar con una desconocida, porque el convento y el tiempo las transformaban o porque la niña había muerto o sido trasladada a otro convento, y sustituida por cualquiera. Pero jamás cesaron en sus visitas, como don Lupicinio y señora.

Mañanas del Bar Cantábrico, tranquilas y con un laguito de sol en las jarras de agua. África se había pacificado, gracias a Primo de Rivera, según le informó tía Clara a Jonás, en carta al respecto, y ahora los cadetes se paseaban por delante de los capitancitos, a cualquier hora del día, como diciéndoles: «De nada ha servido vuestra guerra de mercenarios y aficionados; un militar de carrera, un gran general ha resuelto el conflicto; no sois más que unos aventureros, unos forajidos.»

Pero don Gonzalo Gonzalo, el africanista más bizarro, había muerto de escopetazo en el lecho de una virgen (lo cual tampoco es muerte deshonrosa), y el cadete Pencos había muerto en duelo, defendiendo a la Academia toda, cuando ya no pertenecía a ella, frente a don Gonzalo Gonzalo. Ahora la Academia le recordaba y exaltaba. Como eran los más peleones de cada bando, el Bar Cantábrico se había serenado mucho (y no digamos el palacete de los Hernández), y sólo se vivía esa paz militar, culpable y soleada de las dictaduras.

Hasta llegaron a entablarse partidas de mus, tute y póker entre africanistas y cadetes. A la hostilidad del Cuerpo la había sustituido la hostilidad del juego, que más que hostilidad es camaradería. La guerra había terminado también en la pequeña ciudad.

La Ubalda y la Pilar se fueron de la casa cuando les llegó el turno, porque ya eran menos familia y porque no se podían mantener tantos gastos. El general Primo de Rivera le había metido una como cierta sobriedad a la vida española, sobre todo de los hidalgos para abajo, o sea de los Hernández para abajo, ya que los plutócratas y agiotistas de Madrid seguían a flote, según las cartas de tía Clara a Jonás.

Las tribus de la pobreza, esa otra prehistoria que es la pobreza; la pobreza como una muela podrida, desgajada del esqueleto de la riqueza: habían parecido menos pobres a la sombra de la riqueza de los Hernández: ahora eran un raigón desarraigado que se iba de la casa con todas sus caries al aire, éxodo de sacos, holocausto de paquetes, ruta de niños rubios y mezquinos camino de los barrios bajos. Incluso la familia de la Ino. La Ino, en un gesto de hidalguía, sc lo había dicho a la señora, o sea a bisabuela Leonisa:

—Esta casa no tiene por qué mantener criados inútiles. Yo me quedo y ellos se van.

Admirable laconismo de los pobres. ¿Dónde había aprendido la Ino a hablar así? Admirable escuela, la pobreza. Y Jonás vio marchar también, desde el ventano de su buharda, a la prole de la Ino, con el hombre delante, el *Hombre*, por cómo ella lo pronunciaba, en caravana de bultos, maletas de cartón, muebles inexplicables e inútiles, porcelanas robadas al palacete (sólo las melladas), y niños y adolescentes. Toda aquella humanidad que había nacido (milagro) del cuerpo seco y díptero de la Ino.

Jonás, tras la visión de aquel exilio casi soviético, pasó de su buharda de estudiante (la prefería a la habitación de los tres hermanos, ahora disponible para él solo), a la buharda de tía Algadefina, que en aquel momento volvía a la cama:

—¿Has visto lo que yo he visto? —dijo Algadefina.

—Lo hemos visto los dos y debiéramos haberlo visto juntos. Eran como los judíos huyendo de Prusia o como los aristócratas huyendo de Rusia.

—O como los sefarditas huyendo de España, en el noventa y dos —dijo Algadefina.

—Tienes razón —y se sentó a los pies de su cama—. Hemos vuelto a expulsar a los moriscos y a los judíos.

—Nos pasamos la Historia expulsándolos —dijo Algadefina—. Así nos va. Ellos estudiaban matemáticas y nosotros no. Por eso los echó Reyna Ysabel. Los moros y los árabes conocían la cultura del agua y nosotros no. En vez de aprender y asimilar sus culturas, les echamos de España, y nos quedamos con Trento, Jonasito, niño, amor. Con Trento, Torquemada y la Contrarreforma. Así nos va, repito.

—¿Y por qué ese afán de expulsarles, si llevaban ocho siglos con nosotros, si *eran nosotros*?

—Por eso, mi niño, *miniño*, porque siempre se expulsa al *superyó* del yo. ¿No has leído a ese nuevo doctor llamado Freud?

—Algo me ha explicado Tomasito, un amigo que viene los domingos.

—Pues pregúntale a Tomasito. La guerra entre el yo y el superyó es constante dentro de nosotros y dentro de los países. África es nuestro *Superyó* colectivo, nuestro Imperio, y por eso se nos rebela, se quiere independizar, y la sometemos con imbéciles como don Gonzalo Gonzalo, o como don Miguel Primo de Rivera, pero el yo acaba escindiéndose del superyó, o a la inversa, mejor, y es cuando una persona o un país se queda a solas consigo mismo.

—Ya perdimos Cuba y las colonias...

—Por eso nos aferramos a África, al resplandor de África.

—¿Quieres decir que Pilar y la Ubalda eran nuestro superyó?

Algadefina rompió en una carcajada que terminaría en tos.

—Eran más bien nuestro *ello*. O nuestro *infrayó*. Por eso no podíamos soportarlas.

—¿Y la Ino?

—La Ino se ha integrado en el gran *Yo* de la familia como ciertos elementos externos de la infancia se incorporan para siempre a nuestra personalidad.

—De todos modos, me ha dado pena verles cómo se iban.

—A mí también, Jonasito. Es nuestra familia la que se desfleca.

—Sí.

—Sí. Por cierto, ¿es ese Tomasito el que toca tan mal a Chopin y a Shumann en tus cafés de los domingos?

—No. Es otro. Juanito. Si quieres conocerle, te lo subo aquí. Ya te he dicho, un cadete frustrado por la pleura que venera a su padre porque murió en África.

Algadefina advertía el rencor morrongo que había en las palabras celosas de Jonás.

—No tengo ningún interés, mi niño.

Y Algadefina y Jonás hicieron el amor inexplicablemente, inesperadamente, insensatamente, contra las leyes de la vida y la familia, contra las leyes de la enfermedad y la juventud, contra las leyes de la vida y la muerte. Para Jonás fue como hacer el amor con un ángel hembra en la otra vida, un paraíso de suspiros, urgencias blancas, orgasmos soleados, dulcísimas penetraciones y florales eyaculaciones, más de la entomología que de la biología. Jonás, luego, solo en su buharda, se preguntaba si había yacido con su madre, con su tía, con su Ángel de la Guarda o con una flor/mariposa, con una muerta o con una viva.

En todo caso, estaba seguro de que aquello no había hecho más que empezar.

«Mi muy querido niño:

»espero que estés bien y estudies algo, como veo por tus cartas (más por lo buenas que son literariamente que por lo que en ellas me dices, que es poco). Pese a estar aquí en Madrid, y dedicada a algo muy inminente, que todavía no te puedo contar, sabes que sigo casi día a día todo lo que pasa en esa casa y en esa ciudad, y sé, por tanto, que don Félix no encuentra bien, últimamente, a tía Algadefina. Conozco la vida que hace, sé que reposa mucho, que se ha trasladado a una de las buhardillas, ahora que se han ido tantos criados de sobra, y que respira un aire más puro y mejor para sus pulmones. Pero la tos de tía Algadefina nunca me gustó, aunque no se lo dije a nadie (ni a ti), porque eso sólo conduce a alarmar a la gente sin resultados. Hoy creo que, loca bisabuela Leonisa, tan encerrada en sí la Ino, tan viejo ya el pobre don Félix, sólo tú, que eres un hombre y no ya un niño, no lo olvides, puedes cuidar de tía Algadefina, que, por ser mi hermana pequeña es un poco como mi hija y como tu hermana. Cuida, mi niño, de que no se fatigue, de que no se levante mucho, de que respire siempre aire puro y no toque el piano ni haga ejercicios que puedan fatigarla. Te diría, casi, si no temiese ponerme dramática, que sólo tú puedes salvarla.

»Otro día te hablaré de más cosas. Ahora es esto lo que me urge. Mucho besos para bisabuela Leonisa, para la Ino, para tía Algadefina y, para ti, el cariño inmenso de quien mucho te quiere,

»tía Clara.»

El Ángel del Paraíso con su espada de fuego. Con su Espada de Fuego. Por qué no seguir utilizando las mayúsculas. Tía Clara, remota y madrileña, con su clarividencia de las cosas, le estaba reprochando, sin saberlo, por supuesto, el haber sometido a la enferma mortal a una pasión agotadora, en vez de cuidarla como una monja.

Jonás anduvo por los bajos de la casa, paseó por calles perdidas, se hurtó a los amigos de siempre, subió menos, o nada, a la buharda luminosa de tía Algadefina, que iba a morir como dentro de un diamante de luz. ¿Y no es la pasión loca y suicida por una muerta más generosa y confortativa para ella, más llena de felicidad, que los cuidados de una «monja», como decía tía Clara en su carta?

«Si tía Algadefina va a morir, cosa en la que sólo he pensado vagamente, desde el día en que, bailando, tuvo una hemoptisis sobre mi solapa, quizá prefiero que muera feliz, llena de un gran amor, incestuoso o no, incestuoso en todo caso (y ya ha leído uno cosas sobre el tabú de la endogamia, qué coño), a que muera asistida por los cuidados pálidos de una familia fragmentada y un médico viejo. Pero todo esto no son más que coartadas para proseguir mi inconfesable relación con tía Algadefina, a la que seguramente estoy matando con una vida sexual intensa que ya no puede sostener. ¿Se lo digo todo? ¿Le leo la carta de tía Clara? Eso sería lo mejor. También sería una manera cobarde de desentenderse. Momentáneamente, voy a distanciarme un poco de tía Algadefina. No hago más que dar vueltas por esta casa. Parezco Hamlet dando vueltas por Elsinor. Estoy podrido de literatura. Soy una mierda. No sirvo para las situaciones reales y concretas, como ésta.»

Bisabuela Leonisa, trenzas de ceniza, camisón de boda y escopetón de perdigones, patrullaba la casa solitaria día y noche. La Ino lo hacía todo mejor que nunca —comidas, planchados, zurcidos, lavados—, como convertida a la religión de los Hernández, en la que había entrado de clausura, como la hija de don Lupicinio, las hermanas de Jonás y la Poti entraran en las Claras.

CON LA PACIFICACIÓN de África por el general Primo, los trenes volvieron a llegar a la ciudad reventones de heridos, enfermos, héroes y borrachos. La gente acudía a los andenes por presenciar el espectáculo y aplaudir a los héroes. En la ciudad nunca pasaba nada y aquello era mejor que una película muda.

Jonás estuvo alguna vez, entre la multitud de parientes y curiosos. Por el módico precio de un billete de andén se sacaba localidad (en pie) para una película viva y sonora. La película de la vida, que siempre está ocurriendo y no sabemos verla. A los soldados simples, a los heridos rasos, a los enfermos sin graduación se los llevaban en duras camillas unos duros y raudos camilleros, hacia el Hospital Militar, que estaba frontero del Parque Grande. La gente les aplaudía y ellos levantaban una mano vendada o sangrienta, como exhibiéndola y correspondiendo al saludo, todo al mismo tiempo. Vivían su momento de gloria.

Los capitancitos, los nuevos don Gonzalo Gonzalo, eran recibidos por sus grandes familias, trasladados cuidadosamente al Ford T de la dinastía, uno de los primeros de la ciudad, y menos aclamados por la multitud, quizá por mero respeto a tanto protocolo. Alguno se incorporaba en su camilla y agitaba un muñón simpático y anónimo, solicitando asimismo el homenaje de sus paisanos, pero ya se ha dicho por qué razones a éstos les aplaudían menos, aparte la guerra civil, silenciosa e incruenta (relativamente) entre africanistas y cadetes.

Lo que ocurrió, con la pacificación de Primo, es que a los cadetes de la última promoción los mandaron en seguida a África, a patrullar sin peligro alguno. Pero ellos ya se sentían tan guerreros como los otros. También se les despidió con multitud y calor.

Jonás pensaba que, en todo caso, el fulgor de África estaba dando sus últimos resplandores en aquella estación, como en tantas estaciones españolas, y que, aunque a él todo aquello le daba un poco de risa, los días decisivos de su vida, los que recordaría para siempre, los había vivido bajo el fulgor de África.

Algadefina, en su alto nido de cigüeña/mujer, como viviendo/muriendo en el campanario que la casa no tenía, siempre con cielo Norte y luz de angeología, se tomaba la temperatura, la anotaba en un cuadernito y recontaba los esputos.

Algadefina pensaba en su vida, en el cadete Pencos (haber entregado su cuerpo a aquel imbécil), en don Gonzalo Gonzalo, tan repugnante en su matonismo patriótico (bien hizo bisabuela Leonisa en pegarle el escopetazo de perdigones por la espalda), en su hermana mayor, Clara, como la que le hubiera gustado ser, en Don Alfonso XIII, que tan gentil estuvo aquella noche en los jardines de la Academia, distinguiéndola con su trato, en el hombre oscuro y entrañable, nunca supo quién, hombre de la familia que se metía en su cama todas las noches, y que la había dejado empreñada precisamente en el año sin tiempo, cuando no nacían niños, con lo que abortó en seguida y sin sentirlo, en el baño azul de la hermana mayor, Clara.

Treinta y siete tres y un poco de sangre en el pañuelo. Será de la garganta. Cómo va a ser de los pulmones. Pero miraba el cuadro azul de la ventana, del cielo en la ventana, un cielo Norte y puro, no el cielo dorado que se atreviera a pintar una vez Fra Angélico, un cielo Norte y frío, y comprendía que ella era ya más una criatura del otro mundo (en el que no creía), que de éste. Había asimilado la idea de la muerte como se asimila la idea de un viaje. La tisis no duele. A los tísicos no hay que hacerles dolorosas operaciones, como a otros enfermos. Se mueren y ya está. Ella se había mudado (o la habían mudado, por consejo del médico, el gatuno y cómico don Félix) a la más alta buharda de la casa, desde su alcoba italiana, fría y húmeda. Era como salvarla, pero era también como acercarla al cielo, al azul Norte y puro con el que su cuerpo rubio estaba destinado a confundirse.

No había encontrado el hombre de su vida. Ni el

dannunziano Pencos (y eso que D'Annunzio estaba tan de moda), ni el agresivo don Gonzalo Gonzalo. Y al hombre de su vida lo encontraba ahora, niño/sobrino/hijo/amor: Jonás.

Es triste morir sin haber vivido la gran pasión que comporta toda vida, de la libélula a la mujer, pero yo estoy viviendo esa gran pasión inconfesable, le amo, le amo, es mi niño, es mi amante, es mi amor, y sólo quiero morir entre sus brazos, comulgando el pan de sus besos y la sangre de su sangre. El catolicismo que nos enseñaron es una metáfora general que sirve para todo. Al cristianismo le sobra todo, menos Cristo, que no era más que un buen escritor judío. Así, muriendo en brazos de él, se cierra el círculo de mi vida. No quiero vivir más. Prefiero morir joven. Cuánto le agradezco a Jonás que se haya cambiado del cuarto de los hermanos a la buhardilla de al lado, nunca diré mansarda, esa palabra que viene del francés, o de donde sea, porque están bien los idiomas para probarlos, como yo leo en francés a France, pero hay que tener la propia lengua, la propia gente, la propia casa, hay que salvarse dentro del clan, y por eso me entregué al padre anónimo de mi hijo no nacido, y por eso me entrego a Jonás, endogamia lo llaman los antropólogos, pero no tienen razones a favor ni en contra, qué más me da a mí la endogamia que la exogamia, yo soy ya de ese cielo frío inmenso de la ventana, o de la tierra oscura y perfumada del cementerio familiar, ya no tengo raíces, perder la vida es perder las raíces. Floto, navego, escupo sangre y muero. Jonás, con sus brazos jóvenes, amor de cada noche, quiere sujetarme, pero un día tendrá los brazos vacíos. Adiós, Jonás, mi hijoniño, mi niñohijo (lo eres o debiste serlo), adiós para siempre y adiós hasta mañana, que te espero.

Peregrinó mi corazón y trajo de la sagrada selva la armonía. Jonás, con esta joya en la mano, peregrinó a la buharda paredaña de tía Algadefina, y gustaron juntos de los dos endecasílabos solemnes y rubenianos.

—Parece una cosa de Kipling —dijo ella.

—A mí me parece una cosa nuestra, referida a África, si hubiéramos tenido un gran poeta de África, pero cómo íbamos a tenerlo.

—Las causas injustas (y todas son injustas en cuanto causas, mi niño: sólo es justo lo gratuito), también tienen grandes poetas.

—No sé de qué hablaba Rubén en estos versos, pero a mí me abren un mundo de música y de tiempo.

Jonás estaba arrodillado con una sola rodilla junto al lecho de tía Algadefina, sosteniéndole el libro de Rubén en el facistol de sus manos. Y de pronto comprendió que tía Algadefina le estaba mintiendo, que tía Algadefina conocía desde mucho tiempo —no podía ser por menos— los versos de Rubén, pero no había querido decepcionarle en su hallazgo. Peregrinó mi corazón y trajo, esta mujer está jugando conmigo, como juegan siempre las mujeres, madres o lo que sean, de la sagrada selva la armonía, de la sagrada selva la armonía, de la sagrada selva la armonía, nuestra pasión está hecha de endecasílabos que ella conoce mucho antes que yo y que les habrá recitado a otros hombres, o a la inversa, me da igual, Rubén ya no se lleva, peregrinó mi corazón y trajo, poco ha peregrinado mi corazón, de una buhardilla a la de al lado, al amor más inmediato y familiar, de la sagrada selva la armonía, de qué sagrada selva, qué armonía, todo era uno y lo mismo, la sagrada selva familiar de la endogamia, como habría explicado Tomasito, y la armonía de unos poetas a los que él nunca iba a igualar, lo que quiere decir, o quería decir, que él nunca iba a ser él, como quizá Juanito al piano, en esto que tía Algadefina se incorporó, le vino la tos y escupió en su leve pañuelo, sangre sin duda, por la expresión de ella, aunque Jonás no vio la sangre, me está seduciendo, es la seducción de la muerte, es la seducción de todas las seducciones, es la eterna seducción de la mujer, de la madre a la viuda, pasando por la primera novia y la primera puta, o por Afrodita Anadiomenes, Afrodita me ofrece, quizá, un amor más puro, una verdad más desnuda, la elementalidad de las cosas que son en sí y viven en el éxtasis del presente (como hubiera dicho asimismo Tomasito), libres de la sagrada selva familiar y de las artificiales armonías de la poesía como ortopedia del sexo.

Peregrinó mi corazón y trajo
de la sagrada selva la armonía.

Jonás salió de la habitación. Dejó a la enferma postrada con su ahogo. Acababa de comprender, o así le parecía, el secreto de la palabra: la palabra es la seducción. Al lector no hay que convencerle de nada, sino seducirle. Rubén era fascinante, como sus maestros Baudelaire y Verlaine. ¿Qué verdad nos acerca Rubén? Ninguna, ni falta que hace (y cuando nos acerca/aporta alguna es peor poeta). Su verdad es su mentira, su seducción. El estilo debe de nacer con origen de cuchillo y soberanía de droga. A Verlaine le han puesto más música que a Baudelaire, pero Baudelaire es superior a Verlaine. Quizá la suprema calidad consista en resultar intraducible a cualquier otro lenguaje, por ejemplo a la música. Se queda por escribir bien, no por tener razón. Jonás pensaba todo esto, se estaba haciendo una poética, o lo que fuese, como sin querer, mientras leía a Rubén tendido en la cama. La tos ornitológica, angelical y decisiva de tía Algadefina le llegaba a través del tabique, pero de pronto se descubrió más fuerte que el amor, más fuerte que los sentimientos, más fuerte que la llamada de gorrión de aquella tos: se descubrió con espanto a sí mismo como indiferente a la verdad mentirosa de la vida, como fanático de la mentira verdadera del arte, donde nadie muere, la música de Rubén para siempre, enhechizando, seduciendo almas, cuerpos, vidas.

Peregrinó mi corazón y trajo, a eso es a lo que hay que llegar, a ser el gran seductor, a arrinconar la verdad mentirosa de la muerte con la mentira del arte, de la sagrada selva la armonía, armonía y selva de débil y perenne duración contra la nada.

Tía Algadefina, paredaña y trágica, seguía con su tos/llamada, pero Jonás, por primera vez, no acudió al aviso. Ella le había mentido como a un niño fingiendo sorpresa ante unos versos que se sabía de memoria. «Los mentirosos merecen morir solos», de la sagrada selva la armonía.

TOMÁS Tarancón, como empezó a firmarse Tomasito en el periódico local, hacía unos artículos especiosos donde trataba de cohonestar la dictadura del general Primo con el viejo liberalismo español, «liberalismo dentro de un orden», y todo esto a Jonás le daba como un poco de asco y pensaba que, cuando él se incorporase a la redacción del periódico, escribiría la verdad de la Historia, aunque fuese una verdad oblicua y sesgada, que también se sabía ya los trucos del oficio.

«Estos clericales subversivos siempre acaban en civiles represivos», se decía.

Tomás Tarancón —Tomasito— empezó a tener gran éxito local con sus crónicas y sus artículos de opinión, lo suficientemente ambiguos y eruditos como para que cada lector les hiciese su propia lectura (no otro es el secreto del periodismo, se decía Jonás). Desde la derecha y desde la izquierda, desde el africanismo y desde el anticolonialismo, caía bien este Tomás Tarancón. Qué tío, y lo que sabía.

Domingo, por la tarde. *Canción de Campo*. Schumann. Melancólicamente. Juanito lo tocaba al piano. Jonás escuchaba pensando en tía Algadefina, que sin duda lo estaba escuchando allá arriba, y Tomasito no lo escuchaba, sino que agitaba su pequeña garra derecha minuciosamente, como un gato, para limpiarla de briznas de tabaco, y pensaba un editorial para el periódico.

Juanito tocaba erguido, desinspirado y pleurésico. Tía Algadefina apareció en lo alto de la escalera, aureolada de claraboyas, trenzas de oro macizo (respuesta simétrica de la vida a las trenzas de ceniza de bisabuela Leonisa), camisón largo y estrecho, de dormir, mano lírica en la barandilla y pies desnudos en la escalera. Bajó como un sueño hasta la reunión de los tres jóvenes.

Juanito había dejado de tocar. Algadefina se acercó a él. Jonás estuvo a punto de sentir celos:

—Joven, la *Canción de Campo* no es así. Schumann no se toca así. La melancolía de Schumann no es la melancolía de usted. Escuche.

Y Algadefina se sentó en el taburete del piano, que Juanito le había cedido prestamente. Algadefina, al piano, con la crencha rubia partida en dos trenzas, con la blanca espalda ahusada al aire del escote de la espalda, era una visión que hizo un Schumann muy superior a Schumann.

Los tres muchachos aplaudieron al final (hasta Tomasito se había enterado: «prometo escribir algo en el periódico, una cosa lírica de "Tomás Tarancón"»: se había puesto el nombre de su pueblo, como tantos otros periodistas sin imaginación). Juanito se acercó a ella y le besó las dos manos. Jonás tenía cada vez más celos:

—Beso, señora o señorita, estas manos mágicas y poéticas. Es usted un hada de la música.

Schumann

Canción de Campo

—Eso de «hada de la música» me queda un poco cursi. Lo que le ruego, joven, es que no vuelva a martillear mis siestas de domingo con su Chopin torpe y su Schumann imposible. Gracias.

Juanito comprendió que le estaban echando. Se cuadró militarmente y salió de la casa, sin despedirse de sus amigos. Jonás estaba feliz ante la derrota de aquel imaginario rival. Ayudó a tía Algadefina a subir la escalera. Se había fatigado mucho tocando Schumann. Casi la llevó en brazos, desnuda bajo su camisón modern/style. En la habitación de ella hicieron el amor, larga y penosamente, hasta que el cielo inmediato les entró por la ventana, excesivo de estrellas. Tomasito, naturalmente, se había ido detrás del frustrado pianista. Tendido bocarriba en la cama de Algadefina, con el universo en la ventana y la muerta al lado, tan dulcemente dormida («que muera así, Dios mío»), Jonás pensaba en Juanito como el doble suyo que había sido. Pero los dobles siempre se vuelven contra uno y nos quitan el amor. Tía Algadefina había estado magnífica y moribunda frente a aquel cursi que tocaba de oído. Jonás cogió una mano dormida y lilial de su tía/madre/amante/novia/muerta/viva, y se durmió, asimismo, lisamente, en mitad del universo y bajo la dulce buharda.

En una de sus últimas cartas, tía Clara le adjuntaba a Jonás una tira fotográfica con tres fotos de fotomatón. Las fotos eran malas, apresuradas, deficientes, «hechas en la Puerta del Sol», según le decía ella en la carta.

Jonás estuvo mucho tiempo mirando aquellas fotos en solitario, aquellas tres fotos que eran la misma, pero cada una tenía un defecto o fallo diferente (un pendiente que no existía en otra foto, una mancha que en las dos anteriores era una flor). En cuanto al gesto de tía Clara, sus ojos y su boca, aquellos inmensos lagos de tristeza, y de firmeza, aquella inteligencia que modulaba sus finos labios, todo eso había quedado como perdido, simplificado por el fotomatón.

Jonás ya sabía que aquello era fotomatón, claro, pero la imagen le llegaba más adentro, por contraste de la imagen que se tiene siempre de los distantes amados, y por la imagen concreta, azul y viajera, que él conservaba de tía Clara, el día de la estación. Ahora, lo que le llegaba de ella eran unos ojos duros, una boca hermética, una belleza como militante. ¿Será que Madrid hace así a la gente?, se preguntaba Jonás. ¿Será que tía Clara se está disolviendo entre ese incalculable millón de habitantes que tiene Madrid? ¿Será que Madrid endurece y desvanece, al mismo tiempo, a sus ciudadanos, haciéndolos más concretos y menos ellos, en un proceso monstruoso?

Jonás tenía la respuesta sencilla a todo esto. No era más que una mala foto de fotomatón, multiplicada por tres. ¿Y por qué tía Clara le enviaba aquella foto? ¿Es que ella era *ahora* así, es que se veía así? La pequeña tira fotográfica tuvo a Jonás desazonado y descorazonado mucho tiempo. Ni siquiera se la enseñó a tía Algadefina. Pensó en romperla, pero tampoco se atrevía a eso. Y de pronto, en un velasueño, en una duermevela, comprendió una cosa con espanto: que aquella foto le quitaba culpabilidad por acostarse con tía Algadefina, que aquella foto anulaba la carta providencial y admonitoria, que tía Clara, madre o lo que fuese, se estaba convirtiendo en otra mujer, la estaba transformando y deshumanizando Madrid, la gran ciudad, la capital, y que seguramente pensaba mucho más en la política que en él. ¿Por qué serle fiel a una cartulina con la triplicación exasperante de una cara? Seguidamente comprendió que todo esto último era un recurso fácil para quitarse culpabilidad y que tía Clara, en Madrid, seguiría siendo ella, con su energía tranquila, su paz de hierro, su abrigo como con un león vivo anudado al cuello, sus manos de priora y sus pies de alto empeine con zapatos de pulsera a la última moda. No sabía, pues, qué hacer con la foto, con las fotos, hasta que las metió dentro de un libro detestable (Baroja o así), y metió el libro a lo loco en los estantes altos de su biblioteca, donde no lo iba a encontrar nunca (ni el libro a él).

En cualquier caso, el proceso se había puesto en marcha: tía Clara se iba perdiendo en la lejanía y la multitud de Madrid, tía Algadefina se iba concretando y ahusando en su enfermedad y su pecado, y él vivía la gran historia de su vida —qué inolvidable lo de Schumann y Juanito, cómo había tocado ella el piano aquella tarde, con esa cosa que las muertas tienen de ángeles, o que los ángeles tienen de muertas.

¿Qué contestarle a tía Clara? ¿Qué decirle de la foto/fotomatón? Se sentó a la mesa, desenroscó la estilográfica (negra, veteada en oro, herencia y recuerdo de la propia tía Clara), y estuvo con el plumín de oro sobre el folio toda una mañana o toda una tarde o toda una noche.

Cuando despertó no había escrito una sola línea y tía Algadefina tosía en la buhardilla de al lado. Se refrescó la cara en el agua helada del palanganero, redonda como una luna dormida, por acudir presto a la enferma. «La vida o la muerte inmediatas son lo que tira de uno; el presente manda», se dijo saliendo.

LA BODA de Teté Caravaggio, de las Caravaggio de toda la vida, se celebró en la parroquia de San Pedro, por trámites eclesiásticos, el año de la riada, que a Jonás le había servido para dividir su memorial en dos partes: el año sin tiempo y el año de la riada, o sea, cuando se desbordó la Esgueva, por las lluvias, naturalmente.

Las Caravaggio de la primera generación acudían a los lúgubres saraos de bisabuela Leonisa y lo enriquecían con su loriteo de cotorronas viejas, toda una vida fingiendo y comentando. Las otras alternaban con las «chicas» de su generación —«buenas pájaras estábamos hechas»—, y la depuración del matriarcado, una depuración como densa, pura «forma que pesa», hubiera dicho el filósofo, era Teté, que decidió casarse con don Fernando Sánchez Heredia y Sánchez (él tenía la cabeza demasiado pequeña para decidir nada), y marcharse con él a África, ya que el capitancito estaba por volver, se le acababa el permiso. Algunas mujeres lo hacían. Algunas viudas, solteras, separadas, madres, hijas, nietas, experimentaban de pronto el erotismo (y el exotismo) de la guerra, y se iban con su hombre al frente.

Pero no se hubiera esperado esto de Teté Caravaggio, de las Caravaggio de toda la vida, con su cara de Niño Jesús de Praga. Como el padre se había marchado a la mar, para no volver, según se ha contado, quizá Teté, hija sin padre, criaba en su corazón pequeño de mujer tan grande el veneno de la rebeldía y la yerba salvaje y atroz del pecado.

Así las cosas, hubo desgarramientos y desgarraduras entre la familia y las amistades, y todo el mundo prometió no acudir a la boda:

—¡Una Caravaggio fugándose con un soldado!

—Es un Sánchez Heredia y Sánchez.

—¡Ni que sea su marido!

—¡Nunca se ha visto tal!

—¡Y todo por el año del agua!

—¡Las plagas traen muchos males!
—Igual pasó con el año sin tiempo.
—¡Dios envía las plagas para perder mozas!
—¡Dios o el diablo...!
—Y usted que lo diga...

La mañana de la boda eran cuatro gatos. De las Caravaggio sólo asistieron —en barca: la Esgueva estaba cerca— la bisabuela, que era de la edad de Leonisa, o sea del siglo pasado, y la madre de la niña, viuda de vivo, con el velito del sombrero echado sobre el ojo que se le iba. Delmirina y su chepudito también estuvieron, con la tía María, contentos de ser invitados a algo. Lo cual que el chepudo remaba con mucho brío y fundamento. De la familia del novio no asistió nadie, salvo un tío calaverita, perdis, homosexual y dandy que tenía don Fernando, tío segundo o tercero, con el que nadie se trataba en la familia, por sus múltiples condiciones satánicas (y por lo mal que había administrado su fortuna: no iba a dejar nada). Este tío de don Fernando (a quien don Fernando siempre había ignorado, lleno de indignación viril y rencor militar hacia el maricón) se llamaba Deogracias y también era conocido por Lila Rosa en el hampa local. Lila Rosa era maduro, elegante y pobre. Lila Rosa, el tío Deogracias, tenía el dandismo de los galanes del cine mudo. Tío Deogracias, Lila Rosa en el siglo, era alto, apuesto, canoso, rizoso y con olor a abrótano macho, que es una cosa que sólo se dan las viejas. Llegó a San Pedro en barca, como todos los invitados, a remos del Catarro, y entró en la sacristía haciéndose lenguas de su barquero:

—Un gondoliero, me ha traído un verdadero gondoliero. ¡Qué hombre, qué brazos, qué manera de remar...!

Deogracias/Lila Rosa no había acudido allí, contra lo que pudiera pensarse, y a la manera de Delmirina y su chepudito, por vanidad familiar y agradecimiento a la invitación (don Fernando había tenido que acudir a él, en ausencia de otros parientes), ya que Deogracias/Lila Rosa se había instalado hacía mucho tiempo en la aristocracia del mal, olvidando irónicamente la aristocracia del bien, que era, se supone, y siempre según valores entendidos, la de su familia. Deogracias/Lila Rosa había acudido a la boda de su sobrino porque pertenecía «a la raza de los acusados», dado su sexo tercero o cuarto, y por tanto amaba toda transgresión: el que su pulcro sobrino se casase con una niña gorda para llevársela a morir juntos en la guerra era una de esas cosas que Deogracias encontraba *bian*. Estaba allí por adhesión al gesto del sobrino.

Jonás madrugó y fue remando con tía Algadefina, cada uno llevaba un remo. Ambos se identificaban con aquella locura que iba a hacer la joven pareja, del mismo modo que don Deogracias, aunque no le conocieran. Tía Algadefina iba como de madrina honoraria, en blanco, malva, fucsia y rosa, el talle largo y ceñido.

Ante la portalada de San Pedro, bajo la lluvia, había aquella mañana una boda alegre de pamelas y negra de paraguas, audaz de sombrillas y triste de flores muertas. La ceremonia fue recoleta, fría, breve y pobre. Había padrinos y madrinas oscuros y apenas allegados, testigos de la misma calidad temprana y anónima. Tía Algadefina y Jonás, haciéndose cómplices de aquella locura, estaban estableciendo una peligrosa complicidad entre ellos mismos. «Es casi, como si nos casásemos nosotros», pensó Jonás un momento, y desechó en seguida la idea. Tía Algadefina hizo una madrina muy en su punto y movió muy bien la cintura. El capitancito iba de capitancito y Teté disfrazada de Niño Jesús de Praga, como va siempre el propio niño Jesús.

El cura parecía un Zurbarán malo recastado de Valdés Leal renegrido por el tiempo. Su latín sonaba al latín del diablo. No hubo música, qué humillación para las Caravaggio.

Los novios partieron en barca, a través de toda la ciudad, hacia la estación, en una mañana de lluvia, cielo bajo y catedrales inundadas. (San Pedro estaba en un alto de piedra, y quizá por eso se había elegido la iglesia, aparte trámites.) Se alejaban, se alejaban, don Fernando remaba bajo la lluvia, con las antorchas de los entorchados apagadas por el agua, y Teté llevaba, sobre la blancura de su traje, el cuervo negro del paraguas. Eran, en fin, «la juventud robusta y engañada», que dijera el clásico, remando hacia la muerte.

Lo último que se supo de Teté Caravaggio en esta vida fue una postal de Algeciras.

Jonás y Algadefina, por huir de los llantos y plantos barrocos de las Caravaggio, se refugiaron en don Deogracias/Lila Rosa, que seguía elogiando en el Catarro la elegancia bizarra de un gondolieri. Jonás, sin tener nada de homosexual, comprendió, sí, que le gustaba aquel hombre porque era de la raza de los acusados, en efecto. El único injusto que podía salvar aquella tediosa ciudad de justos. Don Deogracias partió con su gondoliero Catarro. Jonás remó, con Algadefina, hasta la casa de al lado, que era la de Colón, donde se dice que muriera el Almirante.

Y el almirante estaba allí, tal cual, paseándose bajo la lluvia, en lo alto de la escalinata de piedra que le defendía de la inundación, ante su modesta casa. Jonás paró la barca y Algadefina miraba en arrobo:

«Estas cosas sólo pueden pasarme con Jonás, sólo pueden pasarle a Jonás. Es apasionante.»

—¿Es usted don Cristóbal Colón? —preguntó Jonás desde la barca detenida.

—Cristóforo Columbus, per servirle a ustedi.

—¿Y cómo descubrió América?

—América. ¿Qué cosa ché América? Una perrona, per favore.

(La ciudad inundada se volvía más Venecia con el italiano pintoresco de aquel hombre: «Una perrona, per favore...»)

Algadefina le dio cinco perronas de cobre, que él agradeció moviendo mucho la melenita corta y calva. Se alejaron remando lentamente, bajo el paraguas cadmio de Algadefina.

—Un mendigo que se cree Colón —dijo Jonás.

HABÍAN HECHO el amor durante media noche. El fotomatón de tía Clara, pese a todo, seguía desdibujando la imagen de «su madre», de una de sus madres, que tenía el muchacho, y esto le acercaba a tía Algadefina, le quitaba culpabilidad. Habían hecho el amor, sí, toda la noche, o durante media noche, y ahora Jonás sabía que ella estaba muerta, se había despertado sin motivo, en la oscuridad de la hora, sólo humedecida por el azul del ventano, y al cogerle una mano a ella, había comprendido que tía Algadefina estaba muerta. No quiso encender la luz ni buscar sangre. Prefería estar así, a su lado, despierto y quieto, muerto también, pero pensante, como dos estatuas yacentes. El día le traería la verdad, y a lo mejor el día no llegaba nunca.

Jonás no sentía nada, no recordaba nada, no lloraba nada. Todo había ocurrido como tenía que ocurrir. Estuvo muchas horas, quién sabe cuántas, quieto y frío junto al frío cadáver. Con el sol blanco del amanecer giró lentamente la cabeza hacia la muerta, que estaba bellísima, pero era una desconocida. ¿Qué yo sale del yo cuando morimos? Afortunadamente, no había sangre. Un fallo del corazón, pensó Jonás.

Tenía que levantarse y avisar de aquella muerte. Hubiera seguido así toda la mañana, todo el día, toda la vida. ¿Y a quién avisar? Bisabuela Leonisa ni siquiera iba a saber quién de las mujeres de la familia había muerto. Después de los cien años, se vive efectivamente en la intemporalidad, ya que la muerte y la vida llegan muy amortiguadas al corazón (y por eso mismo el corazón no sufre y dura más).

¿Avisar a la Ino? Lo llenaría todo de llanto, planto y plebeyismo. Había que avisar directamente a los médicos, a los jueces, a los enterradores, emprender la negra burocracia de la muerte. Jonás se vistió y bajó al vestíbulo, donde ya, felizmente, no había militares borrachos durmiendo por los divanes. Sobre la mesa redonda con centro de flores, un papel azul, un continental que la Ino, tan madrugadora y silenciosa, habría dejado allí muy de mañana. Era de tía Clara:

MADRID 14 ABRIL 1931 STOP HOY SE HA PROCLAMADO EN MADRID Y TODA ESPAÑA LA SEGUNDA REPÚBLICA ESPAÑOLA STOP LO SABRÁS EN SEGUIDA POR LOS PERIÓDICOS PERO HE QUERIDO QUE LO SEPAS POR MÍ MUCHOS BESOS FAMILIARES Y REPUBLICANOS. TÍA CLARA.

Impreso en el mes de marzo de 1989
en Talleres Gráficos DUPLEX, S. A.
Ciudad de la Asunción, 26
08030 Barcelona